「通古察今」系列丛书

元大都的文化特色

常书红 著

河南人民出版社

图书在版编目(CIP)数据

元大都的文化特色 / 常书红著． — 郑州：河南人民出版社，2019.12(2025.3重印)
("通古察今"系列丛书)
ISBN 978-7-215-12100-3

Ⅰ．①元… Ⅱ．①常… Ⅲ．①大都–文化研究–中国–元代 Ⅳ．①K928.647

中国版本图书馆CIP数据核字(2019)第273041号

河南人民出版社 出版发行
(地址：郑州市郑东新区祥盛街27号 邮政编码：450016 电话：0371-65788077)
新华书店经销　　　环球东方(北京)印务有限公司印刷
开本　787mm×1092mm　　1/32　　印张　4.625
字数　65千
2019年12月第1版　　　　　　　2025年3月第3次印刷

定价：48.00元

"通古察今"系列丛书编辑委员会

顾　问　刘家和　瞿林东　郑师渠　晁福林
主　任　杨共乐
副主任　李　帆
委　员（按姓氏拼音排序）
　　　　　安　然　陈　涛　董立河　杜水生　郭家宏
　　　　　侯树栋　黄国辉　姜海军　李　渊　刘林海
　　　　　罗新慧　毛瑞方　宁　欣　庞冠群　吴　琼
　　　　　张　皓　张建华　张　升　张　越　赵　贞
　　　　　郑　林　周文玖

序　言

在北京师范大学的百余年发展历程中，历史学科始终占有重要地位。经过几代人的不懈努力，今天的北京师范大学历史学院业已成为史学研究的重要基地，是国家首批博士学位一级学科授予权单位，拥有国家重点学科、博士后流动站、教育部人文社会科学重点研究基地等一系列学术平台，综合实力居全国高校历史学科前列。目前被列入国家一流大学一流学科建设行列，正在向世界一流学科迈进。在教学方面，历史学院的课程改革、教材编纂、教书育人，都取得了显著的成绩，曾荣获国家教学改革成果一等奖。在科学研究方面，同样取得了令人瞩目的成就，在出版了由白寿彝教授任总主编、被学术界誉为"20世纪中国史学的压轴之作"的多卷本《中国通史》后，一批底蕴深厚、质量高超的学术论著相继问世，如八卷本《中国文化发展史》、二十卷本"中国古代社会和政治研究丛书"、三卷本《清代理学史》、五卷本《历史文化认同与中国统一多民族国家》、二十三卷本《陈垣全集》，以及《历史视野下的中华民族精神》《中西古代历史、史学与理论比较研究》《上博简〈诗论〉研究》等，这些著作皆声誉卓著，在学界产生较大影响，得到同行普遍好评。

除上述著作外，历史学院的教师们潜心学术，以探索精神攻关，又陆续取得了众多具有原创性的成果，在历史学各分支学科的研究上连创佳绩，始终处在学科前沿。为了集中展示历史学院的这些探索性成果，我们组织编写了这套"通古察今"系列丛书。丛书所收著作多以问题为导向，集中解决古今中外历史上值得关注的重要学术问题，篇幅虽小，然问题意识明显，学术视野尤为开阔。希冀它的出版，在促进北京师范大学历史学科更好发展的同时，为学术界乃至全社会贡献一批真正立得住的学术佳作。

当然，作为探索性的系列丛书，不成熟乃至疏漏之处在所难免，还望学界同人不吝赐教。

北京师范大学历史学院
北京师范大学史学理论与史学史研究中心
北京师范大学"通古察今"系列丛书编辑委员会
2019年1月

目 录

前 言 \ 1

第一章 元大都：元帝国的文化镜像 \ 4

第一节 文化视野下的蒙古征服 \ 7

第二节 元大都面临的挑战 \ 14

第二章 "应天地之中"：元大都与大一统文化秩序的构建 \ 20

第一节 从边塞重镇到权力中心：元大都的文化新"涂层" \ 23

第二节 帝都气象：权力秩序主导下的都城文化景观 \ 40

第三章 "天堑变通途"：元大都与中华多元一体文化的发展 \ 56

第一节 元大都的建立与文化统一格局的重构 \ 58

第二节 文化空间的汇合与南北文化交融 \ 62

第三节 融合中的文化格局：建筑、宗教、文学、文字、习俗 \ 75

第四章 "万里如邻家"：元大都的中西文化交流 \ 105

第一节 "汗八里"与东西方文化交流新时代的开启 \ 108

第二节 域外来华"栖居者"对大都文化的贡献 \ 117

第三节 大都文化的对外辐射 \ 127

参考文献 \ 133

前　言

无论在北京区域文化史、中国都城文化史、中华民族多元一体文化发展史，还是世界文化交流史上，元大都所取得的文化成就都令人瞩目，并具有里程碑式的重要意义。纵向来看，大都文化是中华民族多元一体文化在都市发展的一个高潮，尽管与明清时期的北京文化相比，它可能还算不上中国古代都城文化的巅峰，却堪称中国城市文化史上多民族、多地域文化融合最杰出的典范；横向来看，元大都造就了东西文化前所未有的大汇聚、大碰撞、大融合，在世界城市文化史上留下了独一无二的印记。而上述文化成就的取得，不仅与北京特殊的地理区位及其之前2000多年的文化积淀密切相关，更得益于元代前所未有的广阔疆域、通达四海的交通网络、多元杂居的城市人口、

元大都的文化特色

空前宽容的文化政策、自由开放的文化环境等所赋予文化发展的巨大张力和强劲动力。

北京位于北方游牧文明与中原农耕文明的交界地带，自古以来就是汉族与北方少数民族交纳往还的重要区域，其文化天然具有多民族交融的特色。因此，在某种意义上，北京民族文化融合的程度即反映了其文化发展的进程。从辽代开始，契丹、女真、蒙古等少数民族先后入主北京地区，并以之为都，从辽朝的南京，到金朝的中都，再到元朝的大都，这个城市从边塞重镇一步步迈向大一统国家的首都，不仅城市人口的规模迎来前所未有的高峰，民族构成也更加多元和复杂。尤其在元代，蒙古统治者不仅建立了"北逾阴山，西极流沙，东尽辽左，南越海表"，疆域远迈前代，幅员地跨欧亚的庞大帝国，而且在人口政策方面对蒙古人、西域人等有所偏重，所以吸引了前朝定居中原的契丹人和女真人、来自蒙古大草原的蒙古人和其他游牧民族，以及被蒙古人强制迁移到这里的各少数民族部众等人口源源不断进入大都。与此同时，中国周边各国使者、文人、僧侣，以及以马可·波罗为前驱的西方商人、基督徒等也纷纷拥入大都。而面对形形色色的大都人等，蒙古统治者以"三教九流，莫不崇奉"，四海八荒，兼容并包的姿态，"聚四海之珍异""造九州之秾芬"，从而推动了中华民族多元一体文化在都城的跨越式发展，并造就了"世界上最大的奇迹"。

鉴于此，本书对元大都文化特征的观察和分析，力求在注重北京文化传统和历史文脉的同时，能够跳出大都（从中华民族多元一体文化发展的角度）看大都，跳出中国（从东亚文化共同体的角度）看大都，甚至跳出传统的东亚格局（从以蒙古帝国为中心的东西文化交流会通的角度）看大都。

由于学识浅陋，书中不足之处，在所难免，恳盼读者不吝指正。

第一章 元大都：元帝国的文化镜像

12世纪末至13世纪初，崛起于漠北草原的蒙古部落在其首领铁木真的率领下，相继消灭泰赤乌部、塔塔儿部、乃蛮部等北突厥蒙古系大大小小的游牧部落，统一蒙古高原。1206年春，铁木真在斡难河源头即大汗位，号成吉思汗，意为"像海一样广大的皇帝"，并以本部落名称为国号，将这个新的游牧国家命名为"大蒙古兀鲁思"即"大蒙古国"。大蒙古国建立后，百万蒙古铁骑在成吉思汗及其子孙的带领下，连续东征西讨，势如破竹，所到之处，望风披靡，接连"并西域，平西夏，灭女真，臣高丽，定南诏，遂

第一章 元大都：元帝国的文化镜像

下江南，而天下为一"[1]。在灭南宋的过程中，1260 年即汗位的忽必烈为加强中央集权统治，借鉴中原王朝的统治模式，于 1271 年颁布《建国号诏》，国号曰"大元"，此后称"大元大蒙古国"。迄 1279 年蒙古攻灭南宋，元帝国成为世界上前所未有的巨大帝国，它横跨欧亚，睥睨天下，国土之广、人口之众、威势之盛、财富之隆均首屈一指。"其地北逾阴山，西极流沙，东尽辽左，南越海表。盖汉东西九千三百二里，南北一万三千三百六十八里，唐东西九千五百一十一里，南北一万六千九百一十八里，元东南所至不下汉、唐，而西北则过之，有难以里数限者。"[2] 元帝国幅员不仅包括元廷直接统治的直辖诸路、各行省和宣政院所辖吐蕃地区，还包括西北四大"宗藩之国"即伊利汗国、钦察汗国、察合台汗国和窝阔台汗国统治的广大地区。故《元史·地理志》称："自封建变为郡县，有天下者，汉、隋、唐、宋为盛，然幅员之广，咸不

---

[1] 〔明〕宋濂等：《元史》卷五八，志第一〇，中华书局 1976 年版，第 1345 页。

[2] 〔明〕宋濂等：《元史》卷五八，志第一〇，中华书局 1976 年版，第 1345 页。

逮元。"许多过去被称为"羁縻之州"的边远地区,到元代也实现了"皆赋役之,比于内地"[1]。有史料记载,蒙古大军曾在"狗国"戍军,而"狗国"很可能指生活在北极圈内的爱斯基摩人,因此,蒙古兵锋很有可能曾到达北极地区。[2]无怪乎元朝君臣号称其疆土"舆图之广,自古所无"[3],"如今日头出来处,日头没处都是咱每的"[4]。需要指出的是,由于四大宗藩国并不受元廷直接统治,元朝实际有效统治的疆域大大小于上述数字,包括中书省和岭北、辽阳、河南、陕西、甘肃、四川、云南、江浙、江西、湖广十行省,以及宣政院管辖的吐蕃三道宣慰司在内,总面积约1200多万平方公里,此面积虽然仅为元帝国总面积的1/3左右,但这一数字依然大大超迈前代。更为重要的是,作为元帝国的一部分,"四大汗国"成为元帝国与西方贸易与文化交流的桥梁和纽带,因而在文化意义上,它们与元帝国的关系较政治关系更为紧密。

[1] 〔明〕宋濂等:《元史》卷五八,志第一〇,第1346页。
[2] 《海屯行纪 鄂多立克东游录 沙哈鲁遣使中国记》,何高济译,中华书局1981年版,第8页。
[3] 〔元〕陈桱:《通鉴续编》卷二四,清文渊阁四库全书本。
[4] 〔元〕王士点等:《秘书监志》卷四,浙江古籍出版社1992年版。

第一章 元大都：元帝国的文化镜像

作为一个通过征服和扩张而构筑的规模巨大的帝国，元帝国的体系和结构空前庞大而复杂，其投射在被征服者及历史学家眼中的镜像也很难一言以蔽之：它野蛮而冷酷，又繁荣而包容；它崇尚自由的驰骋，又深居于高阙和禁城；它等级森严，民以种族而界分，又"三教九流，莫不崇奉"；它以铁骑和炮火征服世界，也让文明拥抱文明。那么，究竟应该如何解读这些帝国密码，并客观而全面地审视、评价元帝国在世界舞台上所产生的影响？元帝国的出现，又如何改变了中国历史的进程及其文化的走向？要回答这些问题，我们既需要多个视角的观察和分析，也需要一个最具代表性的样本，这就是在元帝国纵横交错的政治、经济、文化的庞大网络中，作为网络中心节点的全国首都——元大都。

第一节　文化视野下的蒙古征服

对于蒙古征服所带来的影响究竟是正是负，各界自来聚讼纷纭、莫衷一是。

一方面，每当蒙古铁蹄踏平一片新的土地，都伴随着这片土地上痛苦的战栗。征服向来是嗜血的，它意味着掠夺、践踏和摧毁，而大蒙古国和元帝国的崛起历程，正是蒙古这一游牧民族"征服荷尔蒙"不断亢进的过程。对于亢进中的游牧征服者而言，最美好的画面，莫过于"天似穹庐，笼盖四野"，莫过于穹庐状的蒙古包在无垠的大地上野花般快乐地蔓延，直至隐入天穹的尽头，这既是审美的至境，也是个人和族群至高无上的价值追求。因此，成吉思汗曾分别对他的儿子和将领们说："天下地土宽广，河水众多，你们尽可以各自去扩大营众，征服邦国。"[1] "男子最大之乐事，在于压服乱众，战胜敌人，夺取其所有的一切，骑其骏马，纳其美貌之妻妾。"[2] 可想而知，在被征服者眼里，对方不啻于从天而降的魔鬼。俄国人当时便詈骂蒙古征服为"上帝的鞭笞"，将俄国被蒙古征服的历史称为"蒙古的桎梏"。他们甚至认为，蒙古人由于他们的野蛮无知而比其他征服者更加可恶，如普希金就曾忿忿地表示："鞑靼人（即蒙古人）与摩尔人不同，

---

[1] 《元朝秘史》汉译本，第255页，转引自白寿彝总主编、陈得之主编《中国通史》第八卷，上海人民出版社1997年版，第365页。

[2] 拉施都丁：《史集》卷一，第二册，第362页，转引自白寿彝总主编、陈得之主编《中国通史》第八卷，上海人民出版社1997年版，第365页。

第一章 元大都：元帝国的文化镜像

（他们）虽然征服我们，却未带来代数学，也未带来亚里士多德"，以致使俄国错失"文艺复兴"的良机。西欧也有人称蒙古人为"来自地狱的魔鬼"，认为他们给人类带来了挥之不去的梦魇。在他们看来，蒙古征服改变了整个世界，而这种改变所造成的历史灾难，不仅前所未有，而且至今余波荡漾。

除了破坏和灾难之外，蒙古征服在文化传播方面所发挥的作用也获得了不少史家的肯定。他们认为，蒙古风暴掠过之处，"虽吹倒禁苑墙垣，并连根拔起树木"，"却将花种自一花园传播至另一花园"。[1] 蒙古人的征服客观上使欧亚大陆的大部分笼罩于一个统一的世界帝国之下，从而消弭了之前这片大陆上诸国之间频繁争战的状态，使之进入了一个相对和平的"后征服时代"，即"蒙古和平"时代。这种和平尽管是由蒙古大规模的征服战争所带来的，但毕竟在此之后，中国通往欧洲的道路上大大小小的藩篱不复存在，从而为东西文化交流提供了一个前所未有的巨大契机。俄罗斯中亚史家巴尔托德认为，"蒙古帝国把远东和

---

[1] 萧启庆：《内北国而外中国：蒙元史研究》（上册），中华书局2007年版，第1—2页。

元大都的文化特色

近东的文明国家置于一个民族、一个王朝的统治之下，这就不能不促进贸易和文化珍品的交流。中亚和中国之间的贸易得到了空前继后的发展。"[1] 法国东方史家格鲁塞在其《蒙古帝国初期史》一书中也对蒙古征服在促进文化传播方面的作用给予了很高的评价，他认为，蒙古人传播文化之功，可与罗马人先后辉映。更有甚者，不吝于创造"鞑靼治世"或"蒙古治世"之类的辞藻来称颂这一贡献。

如果不是戴着某种有色的眼镜，也不单纯以一时、一地或某一种文字（如汉文或波斯文）的史料作为分析和判断依据的话，我们应该承认，蒙古征服所带来的破坏和建设一定兼而有之，并且在不同地点、不同时间亦不宜一概而论。正是基于这一点，日本学者杉山正明依据一系列史料，对所谓"蒙古是中国文明的破坏者""中亚、伊朗被蒙古人破坏""俄罗斯的不幸""元代中国的悲惨"等诸种流行的说法给予一一批驳，并指出：对蒙古征服事件，既不宜拟之为"地狱"，亦不宜过度美化，对于历史上的事件，先入为主的责

---

[1]〔俄〕巴尔托德：《蒙古入侵时期的突厥斯坦》，张锡彤、张广达译，上海古籍出版社2007年版，第190—191页。

第一章 元大都:元帝国的文化镜像

难、定罪抑或赞美、颂扬都是不妥当甚至可怕的,而"将现代的价值观或印象过度套用在过去,即使根据当时的情况进行解释,也只能让我们离真实存在的历史越来越远"[1]。也有学者建议对"蒙古时代"的影响一分为二进行讨论。比如就其不同侧面分别予以评价,或将征服中与征服后的影响分成前后两段:前一段可能带来了比较严重的破坏乃至灾难,后一段则大大推动和促进了人类文化的发展、繁荣和交流。这样的态度显然要更为理性和客观。

那么,蒙古人在沟通东西之间的交流方面究竟是"有心栽花",还是"无心插柳",不同的人也有不同的看法。有人认为,蒙古人虽然残忍,但却不妨碍他们怀有一种对于世界的责任感,这种责任感促使他们"从亚洲的一端到另一端开辟了一条宽阔的道路,在他们的军队过去以后,继续把这条大道开放给商人和传教士,从而使东方和西方在经济上和精神上进行交流成

---

[1] 〔日〕杉山正明:《忽必烈的挑战:蒙古帝国与世界历史的大转向》,周俊宇译,社会科学文献出版社2017年版,第29—30页。

为可能"[1]。更多的人则主张，姑且不必深究蒙古人在征服过程中是否真正思考过要做文化的使者，无论如何，忽必烈一手打造的元帝国是"世界上前所未有的国家"，这个国家的出现，使"欧亚世界也迎来了前所未有的时代"。在元帝国贯穿欧亚的辽阔国土上，"东起日本海西至多瑙河口、安纳托利亚高原的蒙古领土之内，国境的壁垒都消失了"[2]。而在这片畅通无阻的土地上所建立的完备而高效的邮驿制度、南北通达的运河和海上航线等也确曾有力地推动了欧亚文明之间的交流，元朝也因此而成为历史上中国与西方交通最为频繁的朝代之一。

此外，在被征服地区主体与客体转换过程中，"征服者反被被征服者所征服"的现象也耐人寻味。实际上，这样的情况在中外历史上都屡见不鲜，即使是世界性的大征服者有时亦不能免于这样的命运。在世界古代历史上，罗马便是一个非常典型的例子。在它传

---

[1] 〔英〕道森编，吕浦译，周良霄注：《出使蒙古记》，中国社会科学出版社 1983 年版，第 29—30 页。
[2] 〔日〕杉山正明：《忽必烈的挑战：蒙古帝国与世界历史的大转向》，周俊宇译，社会科学文献出版社 2017 年版，第 239 页。

第一章 元大都：元帝国的文化镜像

奇性的征服过程中，不仅自身的文化被打上了深深的希腊文化的烙印，而且大量吸收了亚述文化、波斯文化、犹太文化和埃及文化等多民族文化的因子，呈现出多元文化的特色。审诸中国历史更是如此，从拓跋鲜卑到契丹、女真，在进入中原的过程中都出现明显"汉化"的情形。元帝国亦然。在它通往中国及世界各地的海路和驿道上，到处星散着来自异地、异国的"他文化"的因子，而各种文化因子最后又集中荟萃在元大都，在这里，你可以看到中原文化、北方草原文化、边疆各族文化、中亚伊斯兰文化、东欧基督教文化、南亚佛教文化的充分传播和交融。从这一意义上来讲，与其说元帝国是花园与花园之间文化之种的传播者，毋宁说它本身就是一座大花园，各种文化的种子都被播种在这座大花园里，形成奇花异卉并列杂陈、彼此辉映的美丽景观。而元大都，就是这座大花园的众芳之薮、精华所萃。

可见，蒙古征服的多元镜像很大程度上来自人们审视元帝国的不同视角及其依据的不同史料，要分辨这些镜像的虚与实，一是不能戴有色眼镜，二是要对各种来源的史料加以搜集和分析。而要进一步对镜像呈现的真实加以细致的勾画，爬剔其形成的原因，分析其内在的成分及其联系，我们最好从一个合适的标本入手。所谓合适的标本，就是具有显著的身份特征及丰富、鲜明坐标特征的个体，只有这样的个体，才能最集中地反应其所在整体的特征。在元帝国的视野之内，显然没有比元大都更合适的标本了。

第二节　元大都面临的挑战

有元一代，大都既是新王朝的"天下之中"，也是东西方对话和交流的中心；既是一个神话与现实交会的魔力之都，更是一个前所未有的多元文化共生、交融、发展、繁荣的伟大时代的突出镜像。因此，如果说元帝国的建立，在中国史上掀开了一个新时代，在欧亚之间开辟了一个新世界，那么，元大都就是这个新时代和新世界的焦点。同时，元朝统治者以"异族入主中原"的身份，元大都因新晋为帝国都城所猛增的消费需求，元朝空前广阔的疆域及前所未有的多元化人口构成和往来等，都成为摆在元统治者面前亟待解决的问题。而要解决这些问题，元大都面临四方面的挑战。

(一)角色定位

这里所讲的角色,既指大都的角色,也指定鼎大都的元朝统治者的角色。在蒙古军队攻城拔寨,席卷天下,包括挥师入关,直至"天下一统"的过程中,蒙古人是以"入侵者"的身份出现的。在据有中原之后,蒙古统治者尽管实行了泾渭分明的等级制度,把元统治下的公民分为蒙古人、色目人、汉人和南人四个等级,但出于加强中央集权统治的需要,又必须塑造"天下共主"的角色。这也意味着大都不仅是全国的政治中心,也是文化中心。所谓"教化之行也,建首善自京师始",如何真正从文化的边缘区域转化为全国励学弘教的文化津梁、群英荟萃的人才渊薮、汇集大成的文化高峰,从而真正胜任文化首善之区的角色,是元大都面临的首要挑战。

(二)文化认同

在不断征服和统治新的领土过程中,蒙古统治者在被胜利的喜悦所激励的同时,也面临着如何在不断扩张的土地上进行有效统治的难题，而要解决这一难题，首先就得解决不同被征服地域文化之间的差异和冲突问题。在征服初期，带着对传统的自信，他们果断甚至疯狂地摧毁一切异统，植以传统，如踏平农田将其变成草原和牧场。然而当天下大定，统治者必然建立一整套关于秩序、象征、符号和仪式的文化系统。对于元帝国这样一个构成复杂的庞大肌体，它迫切需要处理各种各样的文化之间的关系，包括本民族的传统，汉民族的正统，四大汗国的"藩统"，以及其他"异统"等。在元朝统治者建构新的文化系统时，这些传统、正统、藩统、异统不仅意味着一个庞大的资源体系，也意味着错综复杂的矛盾和冲突。而如何合理处理这些要素之间的关系并使之有机统一，从而完成元帝国疆域内广泛的文化认同，持续考验着这个崛起于草原、习于马上征服的少数民族统治者的胸襟和智慧。

（三）文化发展

除了不同文化传统之间的整合之外，元朝统治者还面临着不同地域之间的文化资源整合特别是向元大

第一章 元大都：元帝国的文化镜像

都的资源调动和聚集问题。元大都位于华北大平原的西北隅与太行山北端、燕山西端的交接部，距海150公里，西、北、东北太行山脉、军都山、燕山三面环抱，群关环拱，地势险要，易守难攻。所谓"辰山带海，有金汤之固"，[1]"一夫守之，可以当百"[2]，历来强于防御而弱于交通。因此，在元代以前，这里基本自给自足，对外的物资和文化交流非常有限。元代一旦易为都城，元大都必然面临巨大的压力：不仅作为元朝统治阶级的蒙古贵族、官吏、军户等数量急剧增加，来自各地的文人、匠户等也大量涌入。据统计，从元中统五年（1264）至至正九年（1349）年之间，元大都的人口从4万户计14万人飙升到20.75万户计83.4万人，短短80多年间，人口数量激增近70万人。这意味着元大都必须在短期内从外地调集大量的物资，而这些物资要迅速调集进京，又必须有发达的交通道路体系。交通道路体系的发展和完善，不仅将促进经济的交流，更为文化的交流提供了巨大的契机。而如何把握这一契机，是大都面临的第三大挑战。

---

[1]〔清〕于敏中等：《日下旧闻考》卷五，清文渊阁四库全书本。
[2] 马端临：《文献通考》卷三一五，舆地考一，清浙江书局本。

元大都的文化特色

（四）文化交流

在元朝辽阔的疆域内，发达的交通体系和开放的对外政策也为更多的外国人来到大都及大都人去往世界各地创造了条件，从而开启了东西文化交流的新时代。然而，文化交流一定伴随着文化的彼此选择、碰撞和适应，并且文化交流的范围越大，交流的程度越深，就越考验彼此的心态和技巧。这是元大都面临的第四大挑战。

综观有元一代元大都文化发展的状况和历程，可以说，元代统治者对于四大挑战的应对是较为成功的。元大都作为游牧民族建立的首个全国性政权的首都，成为上承唐宋、下接明清的中国都城建设的重要典范，也是中国古代对世界影响力最大的都城。一方面，元大都规划之科学严谨，城市建筑之宏大精美，文化人才之多元荟萃，艺术科技之繁盛发达，文化交流之广泛深入，都在中国都城文化史上写下了浓墨重彩的篇章。另一方面，在空前国际化的背景下，来往、栖居于元大都的各国家、各民族的人群创造了丰富的、变化万千的、流动不居的文化景观。因此，元大都的社会文化生态中，不仅显现出这座城市的历史纹理，更涂上了南北交融、东西会通的绚烂色彩。

而通过不同的视角和维度，我们则可以看到元帝国及元大都文化的多重面相。如果我们将忽必烈统治下的元帝国作为一个世界事件来观察和考量，那么正如杉山正明在《忽必烈的挑战：蒙古帝国与世界历史的大转向》一书中所说，元帝国崛起的初衷，就在于"追寻世界史的新面貌"，因此，不仅蒙古帝国是世界的，元朝是世界的，大都也是世界的。在这样的讨论框架下，元大都乃中国文化向欧洲及东南亚各国传播的"辐射器"，以及东西方各国文化的"聚合体"。而当我们把元朝放在中华民族多元一体的历史框架内来考察，元大都则堪称中华民族多元一体文化的象征和典范，它改变了中国南方文化与北方文化、游牧文化与农耕文化彼此隔绝甚至对立的历史，推动了中华民族多元一体文化的快速发展。而仅从城市发展的角度来看，元大都从"边城"到"首都"的变化，决定了其后近千年文化发展的基本走向。

第二章 "应天地之中":元大都与大一统文化秩序的构建

作为"皇帝的权力之眼",[1]封建国家的首都无论在选址还是建设上,都极为强调"中心"的观念。这是因为,在中央集权的统治模式下,整个王朝的政治生态和文化秩序都是围绕皇权而构筑的。首都尤其如此。

在中国历史上,一个朝代都城的选址往往和其疆域的大小及分布有着非常密切的关系。历代择都必强调"天下之中",以中御边,临中御外。因此,当一个王朝的疆域局于中原地区,往往会在洛阳或开封这类处于中原腹地的城市建都;而如果它的疆域在东西方向上尤其向西有大幅度延展,都城就会随之发生向西

---

[1] 〔澳〕朱剑飞:《中国空间策略:帝都北京(1420—1911)》,诸葛净译,生活·读书·新知三联书店2017年版,第28页。

第二章 "应天地之中"：元大都与大一统文化秩序的构建

的位移，建在西安这样的城市。同理，当王朝的疆域发生向南或向北方向的迅速扩张，都城的位置也会作南北方向的位移。比如我们熟悉的汉唐时期，统治范围向西均到达葱岭及巴尔喀什湖一带，这样的成就除取决于当时国力的强盛之外，在很大程度上也受益于王朝以西安为都，便于对西部广大地区的政治、军事控制。而到了北宋，统治范围急剧向东收缩，首都也便只能选在东部的开封了。再到辽宋时期，南北分裂，南宋疆域继续向东南收缩，以致都城被挤到了杭州。直到元代再次实现大一统，疆域几乎在东西南北各个方向达到极盛，北京无论从东西还是南北维度衡量都接近中心区域，成为建都首选。故忽必烈击败阿里不哥的叛乱夺回漠北，继承汗位后，霸突鲁遂建议其以燕京为都："幽燕之地，龙蟠虎踞，形势雄伟，南控江淮，北连朔漠。且天子必居中，以受四方朝觐，大王果欲经营天下，驻跸之所，非燕不可。"[1]

纵向来看，我国都城的发展变化呈现出明显的阶段性特征。辽宋以前，都城主要呈东西向摆动；辽宋

---

[1]〔明〕宋濂：《元史》卷一一九，列传第六，第 2942 页。

以后，则变为南北向徘徊。对于出现这一规律的原因，周振鹤先生以西安、洛阳、开封、北京、南京五个我国历史上最重要的都城为例，从政治地理的角度进行了分析。他认为，从空间格局来看，上述五个城市可以分为两组，即东西向的西安、洛阳、开封和南北向的北京、南京。从建都时间来看，前一组占据了中国前大半段历史，后一组则占据了中国后小半段历史。而无论是前半段还是后半段历史时期，都城的选址都出现了往复徘徊的现象。其原因在于，每一段时间里，都存在两个地点都适宜建都，即都适合巩固政权，加强对全国的统治，于是都城便在两个地点间来回迁移，这种迁移不仅指朝代更替之际的迁都，也包括都城在同一个朝代中短时迁移或两都并存。具体来说，从西周到唐代长达两千多年的时间里，西安和洛阳都是适合建都的地方，所以都城忽东忽西；唐末到北宋两百多年间，洛阳与开封又都成为适合建都之地，于是出现都城在这两个城市之间的短暂徘徊；金朝以后则是都城在北京和南京之间往复的时期。[1] 周先生的分析

---

[1] 周振鹤：《东西徘徊与南北往复——中国历史上五大都城定位的政治地理因素》，《华东师范大学学报》（社会科学版）2009年第1期。

第二章 "应天地之中":元大都与大一统文化秩序的构建

揭示了历代统治者确定都城选址时对其疆域范围内政治空间格局的考量。而实际上,首都不仅是政治中心,也是文化中心。王朝疆域大小和都城选址不仅会影响王朝政治统治的效率和效果,也决定着其文化发展和交流的深度及广度。

对照上述我国都城变化的阶段性特征,不难发现,我国多民族文化发展的进程与疆域变化和都城迁移呈现出很强的同步性和一致性:宋代以前,我国多民族文化的发展与交融,主要体现为东西方向上的交融;在宋代以后,我国境内南北交融急剧加速;而到了元代,疆域的空前扩大为各个方向上域内外文化的交流和发展都提供了前所未有的空间,中华民族多元一体文化的发展进入一个空前的高潮期。

第一节 从边塞重镇到权力中心:元大都的文化新"涂层"

无论在中国历史还是世界历史的视野中,无论作为一个文化客体或一种文化现象,元大都都是一个引

元大都的文化特色

人注目、耐人寻味的城市。在这座城市身上，不仅体现了"时间的重叠性"，更体现了空间的延展性。

北京地区不仅是华夏文明，而且是世界文明的重要发祥地之一。其考古发掘可证的历史可上溯至70万年前，那时在周口店地区便生活着早期的人类——北京人。直至今天，周口店遗址仍是世界范围内更新世古人类遗址中内涵最丰富、材料最齐全和最有科研价值的一个，是唯一保存了纵贯70万年的遗迹的遗址。[1] 其传说所载的历史则自黄帝开始："昔黄帝与蚩尤战于涿鹿之野，戮其元凶，四海攸同。然后合符釜山，而为天子。建都涿鹿之阿，以兵为营卫。即今京师地。"后尧分天下为九州，"建都于冀。燕，冀地也"。[2] 而从文献来看，北京的建城史自商周以来，迄今已逾3000年。据史书记载，"武王克殷反商，未及下车而封黄帝之后于蓟（今广安门一带）"。（《礼记·乐记》）"周武王之灭纣，封召公于北燕。"（《史记·燕召公世家》）蓟与燕即是北京城市的雏形。

---

[1] 高星：《周口店北京人遗址》，北京美术摄影出版社2004年版，第27页。
[2] 〔清〕孙承泽：《天府广记》卷一，清抄本。

第二章 "应天地之中":元大都与大一统文化秩序的构建

燕地曾经是中原版图上最北的区域,故庄子将燕国与越国相提并论,以"燕之北,越之南"来指代极为偏远的地方。由于气候苦寒,危岩耸峙,雄关漫道,交通不易,加之处于中原与塞外、汉族与北方少数民族接壤之区,毗连朔漠,频遭袭扰,多染北方少数民族"雕捍"之风,燕地形成了慷慨悲歌、好气任侠的边地文化特征。所谓"夫燕亦勃、碣之间一都会也。南通齐、赵,东北边胡。上谷至辽东,地踔远,人民希,数被寇,大与赵、代俗相类,而民雕捍少虑,有鱼盐枣栗之饶。北邻乌桓、夫馀,东绾秽貉、朝鲜、真番之利"[1]。在元代以前,燕文化在中原文化中可谓典型的"非主流",与雍容宏大、庄重威严、崇文励教、首善包容的典型都城文化相去甚远。当然,由于战国特别是秦代以来长城的修建,燕地与北方少数民族为长城所阻,文化交融受到很大制约。直至契丹、女真、蒙古相继挥师越长城而据燕,燕地由边塞而易为陪都,再到成为全国首都,北方游牧文化与中原农耕文化之藩篱,遂逐渐混融;特别是随着元帝国攻灭南宋,统

---

[1] 〔西汉〕司马迁:《史记》卷一二九,货殖列传第六九,中华书局1982年版,第3265页。

元大都的文化特色

南北于一尊,北方重镇终于屹为"天下之中"。从边塞重地到"天下之中",北京文化的"城设"必然发生根本变化,即从地方文化向中央文化的转化。

早在忽必烈称帝伊始,即"思大有为于天下",下诏宣告:"建元表岁,示人君万世之传;纪时书王,见天下一家之义。"[1] 可见,其所谓的"大有为",就是要做万世人君、天下共主。那么,他首先要做的,就是要确立其在中原统治的合法性。那么,作为征服者,如何使自己成为名正言顺的"天下之正主"呢?在定鼎大都前后,元统治者以"汉化"为主要途径,采取了一系列强化中央集权的措施。

第一,宣圣庙,定仪礼,明官制。

历来少数民族入主中原者,必依汉制,习汉文,行汉法,从汉俗。蒙古人也不例外。大蒙古国自蒙哥开始,即依从汉制,追尊其父为帝,并兼用汉人皇帝的称号与称谓。忽必烈即位之初,汉臣许衡建议他:"考之前代,北方奄有中夏,必行汉法,可以长久。故后魏、辽、金能用汉法,历年最多,其他不能实用汉法,皆

---

[1] 李修生:《全元文》卷九三,元世祖二,第266—267页。

第二章 "应天地之中":元大都与大一统文化秩序的构建

乱亡相继,史册具载,昭昭可见也。"[1]元世祖深以为然,在即位诏书中力申变通祖述、推行汉法之意,诏曰:"朕惟祖宗肇造区宇,奄有四方,武功迭兴,文治多缺,五十余年于此矣。……爰当临御之始,宜新弘远之规。祖述变通,正在今日。务施实德,不尚虚文。……建极体元,与民更始。朕所不逮,更赖我远近宗族、中外文武,同心协力,献可替否之助也。诞告多方,体予至意!"[2]与此前元帝口语化的诏书相比,此份诏书行文工雅,并一再以"宜新弘远之规""祖述变通""与民更始"之辞表达推行汉法的决心,也拉开了其采取一系列措施促汉化,固根本的序幕。

中统元年(1260),忽必烈诏令全国,"宣圣庙,国家岁时致祭,诸儒月月释奠,宜令洒扫修洁"。同年他在刘秉忠、王文统等人的策划下,按照汉族统治者的模式"颁章服,举朝仪,给奉禄,定官制"。以舆服为例,元代"近取金、宋,远法汉、唐。上而天子之冕服,皇太子冠服,天子之质孙,天子之五辂与腰舆、象轿,以及仪卫队仗,下而百官祭服、朝服,与百官

---

[1] 许衡:《鲁斋遗书》卷七,清文渊阁四库全书本。
[2] 〔明〕宋濂:《元史》卷四,本记第四,第64页。

之质孙，以及于士庶人之服色，粲然其有章，秩然其有序。"[1] 官制方面，则仿效宋金制度，在中央设中书省、枢密院、御史台，中书省下设六部。

第二，定鼎燕京，并置宗庙、社稷，"以为天下本"[2]。《春秋公羊传》云："先正京师，以正诸夏，诸夏正乃正夷狄，以渐治之。"[3] 自古以来，谋天下者必首重京师。因此，元世祖登基次年（1261），即诏修燕京旧城。再次年，建太庙于燕京。中统五年（1264），中书省奏称："开平府阙廷所在，加号上都外，燕京修营宫室，分立省部，四方会同，乞亦正名。"世祖于是颁布《建国都诏》，允准燕京称中都路，其府号大兴。[4] 至元三年（1266），诏安肃公张柔、行工部尚书段天佑等同行工部事，修筑宫城。至元四年，于中都东北新建都城，"设邦建都"，并逐步"立朝廷宗庙、社稷、

---

[1]〔明〕宋濂：《元史》卷七八，舆服一，志第二八，第1929页。
[2]《抄本析津志》，转引自徐萍芳编著：《辽金蒙古时期燕京史料编年·元大都创建史料编年》，北京联合出版公司2018年版，第158页。
[3] 何休撰、陆德明音义：《春秋公羊经传解诂》，成公第八，《四部丛刊》景宋建安余氏刻本。
[4] 李修生：《全元文》卷九六，元世祖五，第293页。

第二章 "应天地之中":元大都与大一统文化秩序的构建

官府库庾,以居兆民,辨正方位,井井有序。"[1]至元九年(1272),改中都为大都。建钟鼓楼于城中。至元十一年(1274),宫阙告成。帝始御正殿,受皇太子诸王百官朝贺。至元十二年(1275),"以受尊号遣使豫告天地,下太常检讨唐宋金旧仪,于国阳丽正门东南七里建祭台,设昊天上帝、皇地祇位二,行一献礼。自后国有大典礼,皆即南庙告谢焉"[2]。大都宫阙、宗庙、社稷的建设,为元大一统的推行奠定了物质和心理的基础。

第三,依中原政权惯例,诏建国号。

至元八年(1271),大都即将建成之际,元世祖发布《建国号诏》,以"大元"作为新的国号。对于建国号的初衷及其由来,诏旨解释如下:

> 诞膺景命,奄四海以宅尊;必有美名,绍百王而纪统。肇从隆古,匪独我家。且唐之为言荡也,尧以之而著称;虞之为言乐也,舜因之而作

---

[1] 虞集《大都城隍庙碑》,转引自徐萍芳编著:《辽金蒙古时期燕京史料编年·元大都创建史料编年》,第161页。
[2] 〔明〕宋濂:《元史》卷七二,志第二三,第1781页。

号。驯至禹兴而汤造，互名夏大以殷中。世降以还，事殊非古。虽乘时而有国，不以利而制称。为秦为汉者，著从初起之地名；曰隋曰唐者，因即所封之爵邑。是皆徇百姓见闻之狃习，要一时经制之权宜，概以至公，不无少贬。我太祖圣武皇帝，握乾符而起朔土，以神武而膺帝图，四震天声，大恢土宇，舆图之广，历古所无。顷者耆宿诣庭，奏章申请，谓既成于大业，宜早定于鸿名。在古制以当然，于朕心乎何有。可建国号曰大元，盖取《易经》"乾元"之义。兹大冶流形于庶品，孰名资始之功；予一人底宁于万邦，尤切体仁之要。事从因革，道协天人。於戏！称义而名，固匪为之溢美；孚休惟永，尚不负于投艰。嘉与敷天，共隆大号。[1]

诏旨首先从唐、尧、虞、舜事迹讲起，解释了新建国号乃"奄四海以宅尊""绍百王而纪统"之惯例，其次分析了秦、汉以地名为国名，隋、唐将封邑名沿

---

[1] 李修生：《全元文》卷一〇一，元世祖一〇，第323—324页。

第二章 "应天地之中":元大都与大一统文化秩序的构建

作国名的"权宜"之弊,进而讲道:元朝自太祖以来武功赫赫,取得了"舆图之广,历古所无"的空前成就,这种以地名、封邑名为国号的先例显然与元朝的功业不相匹配。鉴于"顷者耆宿诣庭,奏章申请,谓既成于大业,宜早定于鸿名",故应其所请,新建国号"大元"。为什么选了"大元"作为国号呢?诏旨称其取自《易经》"乾元"之义。而《易经》"乾元"二字,"乾"意为天,"元"意为"始",合起来乃"大道之始",易经云"大哉乾元,至哉乾元"乃谓天道之至大,万物之本源,这与元统治者勃勃雄心适相契合,同时又与蒙古人心中最高的神灵"长生天"相暗合。

第四,崇文尊孔,兴文励教。

元朝历代皇帝都非常推重儒学,尊崇孔子,重用汉儒及熟悉汉文化的辽、金士人。耶律楚材,辽东丹王突欲八世孙,父亲尝"以学行事金世宗,特见亲任,终尚书右丞"。元太祖闻其"博及群书,旁通天文、地理、律例、术数及释老、医卜之说,下笔为文,若宿构者",遂召见之。时西夏人常八斤善治弓,而于文治不以为然,故问楚材曰:"国家尚武,而明公欲以文进,不亦左乎?"楚材对曰:"治弓尚需工匠,岂治天下不用天下匠耶？"太祖闻之，以为大善，自是而重用之。耶律楚材着意发扬儒学，在随太祖南征过程中，特意访得孔子五十一代孙元措并奏准由其袭封衍圣公，赐以林庙地。"又率大臣子孙，执经解义，俾知圣人之道。"复于燕京设立编修所，于平阳设立经籍所，大量编集经史典籍。[1]刘秉忠，河北邢台人，生于世代书香的官宦人家，少年时由于家道中落入武安山天宁寺为僧，道号长春散人。他"于书无所不读，尤邃于《易》及邵氏《经世书》，至于天文、地理、律历、三式六壬、遁甲之属，无不精通。论天下事如指掌"。[2]深得世祖嘉赏。世祖尚在潜邸之时，刘秉忠即上书数千言，建议遵循前朝旧制，开办学校，开科取士。他提出："古者庠序学校未尝废，今郡县虽有学，并非官制。宜从旧制，修建三学，设教授，开选择才，以经义为上，词赋论策次之，兼科举之设……开设学校，宜择开国功臣子孙受教，选达才任用之。"并主张"孔子为百王师，立万世法，今庙堂虽废，存者尚多，宜令州县祭祀，

---

[1]〔明〕宋濂等：《元史》卷一四六，列传第三三，第3459页；〔民国〕柯劭忞：《新元史》卷一二七，列传第二四，民国九年天津退耕堂刻本。
[2]〔明〕宋濂等：《元史》卷一五七，列传第四四，第3688页。

第二章 "应天地之中":元大都与大一统文化秩序的构建

释典如旧仪"。世祖颇然之。[1]1253年,忽必烈接受了儒士们上奏的"儒教大宗师"的称号,更加重用儒士,提振儒学。即位之后,忽必烈非常倚重刘秉忠,不仅在制定制度方面多征询他的意见,还授命其先后营建开平城(后改称上都)、中都和大都。并采纳他的建议,建国号为大元,改中都为大都。王恂精于伊洛之学,为刘秉忠所识并荐于世祖。世祖遂命之辅佐裕宗,为太子伴读。王恂"每侍左右,必发明三纲五常,为学之道,及历代治忽兴亡之所以然"[2]。在王恂等人的影响下,世祖将三纲五常奉为至高伦理道德准则,称"人道之端,孰大于此。失此,则无以立于世矣"[3]。并开设经筵制度,宣讲儒经。世祖后的历朝皇帝也力倡儒学,推崇孔子,如元成宗即位后"诏中外崇奉孔子",称"孔子之道,垂宪万世,有国家者,所当崇奉"[4]。

为发掘人才,元代统治者多次组织考试,并派出亲信大臣到江南地区搜求人才,当时著名的文人叶李、

---

[1] 〔明〕宋濂等:《元史》卷一五七,列传第四四,第3691页。
[2] 〔明〕宋濂等:《元史》卷一六四,列传第五一,第3844页。
[3] 李修生主编:《全元文》卷一一四,元世祖二三,第444页。
[4] 《元典章》,礼部卷四,典章三一,元刻本。

元大都的文化特色

赵孟頫、张伯淳等都是从江南地区搜求北上的文化名士。至仁宗年间,颁诏恢复科举取士制度,诏曰:"唯我祖宗,以神武定天下。世祖皇帝设官分职,征用儒雅,崇学校为育材之地,议科举为取士之方,规模宏远矣。朕以眇躬,获承丕祚,继志述事,祖训是式。若稽三代以来,取士各有科目,要其本末,举人宜以德行为首,试艺则以经术为先,辞章次之,浮华过实,朕所不取。爰命中书,参酌古今,定其条制!"[1] 仁宗还屡颁诏旨鼓励国学。至大四年(1311)四月,敕:"国子监师儒之职,有才德者不拘品级,虽布衣亦选用。"[2] 闰七月,复诏谕省臣:"国子学,世祖皇帝深所注意。如平章不忽木等,皆蒙古人,而教以成才。"并亲定国子监生额为三百人,同时增陪堂生二十人,"通一经者,以次补伴读。著为定式"。[3] 延祐二年,增国子生百员,岁贡伴读四员。为奖劝儒学,元代还在诸色户计中专设儒户,儒户中只需保证有人上学读书,即可以免除杂泛差役。对于元代重儒的原因,吕思勉认为,"盖元

---

[1] 《元典章》,礼部卷四,典章三一。
[2] 〔明〕宋濂等:《元史》卷二四,本记第二四,第541页。
[3] 〔明〕宋濂等:《元史》卷二四,本记第二四,第545页。

第二章 "应天地之中":元大都与大一统文化秩序的构建

本族人多犷悍,而又倚为心腹,不肯不用,乃思以是柔之,即仁宗之用意,亦不外此也"[1]。

元代还仿照汉制设立了一系列的文化管理机构和中央教育机构。除早前设立的编修所和经籍所外,又设立翰林国史院,征集一流文人,负责修国史,撰写制诰,以资顾问。元成宗大德年间建成的国子监则是北京最早的高等教育机构。它与孔庙相继落成,比邻而居,乃依照左(东)庙右(西)学的传统规制所设。《元史》载,大德二年(1298),因"京师久阙孔子庙,而国学寓他署,乃奏建庙学,选名儒为学官,采近臣子弟入学"[2]。大德七年,孔庙建成。建成之际,御史中丞何玮奏称:"唐虞三代,国都闾巷,莫不有学,今孔庙既成,宜建国学于其侧。"获准。[3] 国子监(太学)素为全国顶尖人才培养场所,元代在大都建立国子学后,专门征调全国知名儒者来此宣讲;历科进士多出太学,而自元代始,高中进士者其名字被刻在进士题名碑上,立于孔庙前,以示荣耀。

---

[1]《吕思勉读史札记》,上海古籍出版社1982年版,第1086页。
[2]〔明〕宋濂等:《元史》卷一三六,列传第二三,第3293页。
[3]〔明〕宋濂等:《元史》卷一五〇,列传第三七,第3545页。

在皇室子弟的教育中，儒学也占有非常突出的地位。陶宗仪《南村辍耕录》记载了这样一则轶事："忽一日，帝师来启太子母后曰：'向者太子学佛法，顿觉开悟，今乃受孔子之教，恐损太子真性。'母后曰：'我虽居于深宫，不知道德，尝闻自古及今，治天下者，须用孔子之道，舍此它求，即为异端。佛法虽好，乃余事耳，不可以治天下。安可使太子不读书？'帝师赧服而退。"[1] 可见，儒学在当时已经被统治者命为治国之学、根本之学。到至元年间，乃令宗族子弟入国子监学习汉文。[2]

第五，组织编写前朝历史及全国地理总志。

为进一步强化其正统地位，元世祖以大都为基地，相继组织了两大文献的编纂。其一，以辽、金、宋继承者的身份，迅速召集一大批学者，并任命脱脱为都总裁官，着手为前朝（辽、金、宋）修史，从而将元朝嵌入中国朝代序列，从文献的角度进一步强化了元政权的性质和历史坐标。其二，首创全国性地理总志

---

[1]〔元〕陶宗仪：《南村辍耕录》，武克忠、尹贵友校点，齐鲁书社2007年版，第20页。

[2] 李修生：《全元文》卷三七三，第81页。

第二章 "应天地之中":元大都与大一统文化秩序的构建

的编撰。元世祖至元二十二年(1285),忽必烈敕令札马剌丁、虞应龙等编纂《大元大一统志》,"大集万方图志而一之,以表皇元疆理无外之大",俾"地名沿革之有异,城邑建制之不常,归附之期,设官之所,皆必有征。所以纪疆理之大、彰王化之远也"。[1] 至至元三十一年(1294)初步成书。后得《云南图志》《甘肃图志》《辽阳图志》,遂倡议补修,并由孛兰肹、岳铉等主持,于元成宗大德七年(1303)修竣。该书继承唐《元和郡县图志》,宋《太平寰宇记》《舆地纪胜》等书成例,分为建置沿革、坊郭乡镇、里至、山川、土产、风俗形势、古迹、宦迹、人物、仙释等部门。所引资料,则大江以南各行省多取材于《舆地纪胜》和宋、元旧志,北方诸省多取材于《元和郡县图志》《太平寰宇记》和金、元旧志。书中不仅引用前朝资料,更不惜为了突出浓厚的正统观念而对少数民族多有蔑称。如称匈奴、西夏、氐人、羌人、岭南等地少数民族为"贼"等。

宣圣庙、定仪礼官制、定鼎燕京,颁布国号,崇儒励教,编纂前朝历史及全国地理志等措施,为元朝

---

[1]《都邑》,《元文类》,《国朝文类》卷四〇,《四部丛刊》景元至宋本。

元大都的文化特色

统治者以"一统"之名号令天下奠定了基础。

至元十三年(1276),南宋皇帝赵显投降后,忽必烈封其为瀛国公,下《降封宋主为瀛国公制》,进一步诏示了一统天下之意:

> 时逢屯否,岳渎分疆;运值休明,乾坤一统。眷靖康之余裔,据吴会之奥区。远隔华风,久暌邻好。我国家诞膺景命,奄有多方。炎风朔雪之乡,尽修职贡;若木虞渊之地,靡不来庭。罄六合以混同,岂一而之独异。用慰徯苏之望,爰兴问罪之师。戈船飞渡而天堑无凭,铁马长驱而松关失险。宋主赵某乃能察人心之向背,识天道之推移。正大奸误国之诛,斥群小浮海之议。决谋宫禁,送款军门。奉章奏以祈哀,率亲族而入觐。是用昭示大信,度越彝章,位诸台辅之尊,爵以上公之贵,可开府仪同三司、检校司徒、瀛国公,主者施行。[1]

"乾坤一统""罄六合而混同",无疑是关于"绍百

---

[1]〔元〕王恽:《玉堂嘉话》卷四,守山阁丛书本。

第二章 "应天地之中":元大都与大一统文化秩序的构建

王而纪统"的进一步表述。"一统"一词,源于春秋时期,《管子》曰:"以天为父,以地为母,以开乎万物,以总一统",何谓"以总一统"?房玄龄注:"总持其本以统万物也。"[1]《荀子》则以其释周天子与诸侯国之关系,谓周"定三革,偃五兵,合天下,立声乐",杨倞注:"合天下谓合会天下诸侯归一统也。"[2]《春秋公羊传》亦云:"元年,春。王正月。元年者何?君之始年也。春者何?岁之始也。王者何谓?谓文王也。曷为先言王而后言正月?王正月也。何言乎王正月?大一统也。"[3] 战国时期以后,"大一统"成为帝王世系建构与中国历史叙述的重要观念。从五帝、三王、五伯,迄秦汉、隋唐,"大一统"不仅喻天下安定之义,更有疆域拓展的含义。而元帝国疆域之大前所未有,在以中原世系定位时显然更富自信。

为强化"一统",元世祖还以大都为中心,确立行省制。"分天下为十一省,以山东西、河北之地为腹里,

---

[1]《管子》卷一四,《四部丛刊》景宋本。
[2]《荀子》卷四,清《抱经堂丛书》本。
[3]〔东汉〕何休撰,〔隋〕陆德明音义:《春秋公羊经传解诂》,隐公第一,《四部丛刊》景宋建安余氏刻本。

隶都省，余则行中书省治之，下则以宣慰司辖路，路辖府州，若县星罗棋布，粲然有条。"[1]

与此同时，元朝统治者在大都构筑了一道精心体现王朝权力秩序的文化风景线。

第二节　帝都气象：权力秩序主导下的都城文化景观

中国都城往往是宇宙观和王朝秩序观的集中体现。元朝也不例外。从城市布局理念到建筑设计，从皇宫景观到市井格局，处处反映着皇权统领下的社会文化秩序。

元大都的建设标志着北京首次作为大一统王朝的都城登上历史舞台，而这个大一统王朝又是首次由来自塞外的"异族"所建。因此，在大都的规划建设方面，对于"权力秩序"的强调较之前代显得更为突出和迫切。迈克·克朗曾以承德避暑山庄为例，从地理政治的角度探讨过非汉人王朝在皇宫景观设计上的独

---

[1]《都邑》,《元文类》,《国朝文类》卷四〇,《四部丛刊》景元至宋本。

第二章 "应天地之中":元大都与大一统文化秩序的构建

特用心,认为"这座宫殿从地理政治的角度反映了非汉人王朝企图统治广袤的汉人帝国的野心,其他权力中心的象征物也都从北京、拉萨、五台山移到这座新宫殿里。这一景观体现了错综复杂的地理政治因素,正是这些因素绘制了满洲帝国地图,那种建立在花园中的秩序实际上就是强加在被他们征服的土地上的秩序。"[1] 与之相类似,蒙古统治者也将他们想要建立的权力秩序在大都建设中发挥到了极致,创造了糅合各种权力要素的典型的"集权"性都城文化景观。

元大都规划建设的基本理念来源于《周礼·考工记》。《周礼·考工记》是关于中国都城规划设计的最早记载,也是对于后世都城建设影响最为深远的一部著作。该书出现于春秋战国时期,是关于中国都城规划设计的最早记载。《周礼·考工记》的核心内容,是历来为人们津津乐道的"匠人营国,方九里,旁三门,国中九经九纬,经涂九轨,左祖右社,面朝后市"。[2]这一内容之所以被频繁提及和征引,不仅是因为其对

---

[1] 〔英〕迈克·克朗:《文化地理学》,杨淑华、宋慧敏译,南京大学出版社2003年版,第46页。
[2] 杨天宇:《周礼译注》,上海古籍出版社1983年版,第665页。

元大都的文化特色

国都的空间设计整齐、美观、实用,更是因为其在"王城建制"框架下所描摹和规定的空间权力秩序,而这种秩序又是通过文化规约的方式予以呈现的。从周代开始,我国的王城布局和都城设计多多少少都采用了《周礼·考工记》的一些原则和方案,如大多都城呈方形,拥有笔直的街道,整齐的街巷,高大的城墙,坚固的城门等。较之前代,元大都对《周礼》王城建制的规划落实得更为彻底:它以城墙为边界,整体呈长方形。其中东西城墙略长于南北城墙,前者长约7800米,后者长约6500米。设城门十一座,大多因《周易》而得名:南面三门,中间为丽正(《周易·离卦·象传》:"重明以丽乎正,乃化成天下"),东为文明(《周易·大有挂·象传》:"其德刚健而文明"),西为顺承(《周易·坤卦·象传》:"至哉坤元,万物滋生,乃顺承天");北面两门,东为安贞(《周易·讼卦》:"不克讼,复即命;渝,安贞吉"),西为健德(取《周易·乾卦·象传》:"天行健,君子以自强不息");东面三门,自南至北分别为齐化(《周易·说卦传》:"齐乎巽,巽东南也")、崇仁(《周易·文言传》:"君子体仁足以长人")、光熙(《周易·艮卦·象传》:"艮,止也……其

第二章 "应天地之中":元大都与大一统文化秩序的构建

道光明");西面三门,自南至北分别为平则(《周易·谦卦·象传》:"无不利,㧑谦,不违则也)、和义(《周易·文言传》:"利物足以和义")、肃清。元大都纵横各九条大街,街道平直。街道与街道之间,又分割出50个规则的小长方形,这便是所谓的"坊"。坊的名字也主要取自《周易》《尚书》《孟子》《左传》等汉族经典文献。基本每座城门与对面的城门之间都有一条笔直的街道相通。所以当马可·波罗来到大都,展现在他眼前的是这样一个秩序井然的城市:它"整体呈正方形,周长二十四英里,每边为六英里,有一道土城墙围绕全城。……城中的全部设计都以直线为主,所以各条街道都沿一条直线,直达城墙根。一个人若登上城门,向街上望去,就可以看见对面城墙的城门。……城区的布局就如上所述,像一块棋盘一样。整个设计的精巧与美丽,非语言所能形容"[1]。从结构上来看,大都整体上由宫城、皇城和都城三重城垣构成,并依照"左祖右社"的原则,设置了太庙、社稷坛和郊坛等礼制建筑:太庙设于宫城左侧的齐化门内,而社稷坛设于

---

[1] 〔意〕马可·波罗:《马可·波罗游记》,梁生智译,中国文史出版社2011年版,第111—112页。

元大都的文化特色

宫城右侧的和义门内。对元朝统治者来说，太庙与社稷坛的设置具有特殊的意义，因为草原民族素来崇尚武力，敬畏神灵，而对祖先没有太多的概念，这些礼制建筑的营建，反映了其对农耕文明中"祖先权力"元素的吸收。可以说，元大都在整体上完美地体现了《周礼》关于王城权力秩序的设计，因此，有人将元大都称为中国都城史上第一座真正按照《周礼·考工记》规划建造的都城。

元大都关于权力秩序的另一个体现是它对"尊严""雄壮"形象的塑造。作为一个庞大帝国的统治者，元世祖认为都城的建造"非巨丽无以显尊严，非雄壮无以威天下"，因此，元大都无论是在选址思路、建设面积，城墙、城门、街道的规划，还是宫殿每个细节的设计上，都力求宏大、规整、威严。

元大都的选址，"右拥太行，左注沧海，抚中原，正南面，枕居庸，奠朔方，峙万岁山，浚太液池，派玉泉，通金水，萦畿带甸，负山引河"[1]，"壮哉帝居！"其规模，"城方六十里，里二百四十步"[2]，约相当于金中都的1.5

---

[1] 〔元〕陶宗仪：《南村辍耕录》卷二〇，四部丛刊三编景元本。
[2] 〔元〕陶宗仪：《南村辍耕录》卷二一。

第二章 "应天地之中":元大都与大一统文化秩序的构建

倍。其壮观程度更是辽南京、金中都所不可比拟的。据记载,辽南京"高殿广宇","有宫阙井邑之繁丽",[1] 但其时毕竟是陪都,无论恢弘程度还是文化内涵不仅不能与其后几朝相媲美,甚至与汉唐亦不可同日而语;至金中都时期,"宫阙壮丽,延亘阡陌,上切霄汉,虽秦阿房,汉建章不过如是"。[2];至元大都时期,则"筑崇墉之万雉,若缭山之长云。浚三五之折沟,建十一之通门。齐坤垠于翠微,倚丽谯于苍旻。豁崇期之坦路,浮广漠之祥氛。车方轨而并进,骑衡列而齐奔。辔连翩以飙驰,轴鞠磕而雷震。爰取法于大壮,盖重威于帝京。揭五云于春路,呀万宝于秋方。上法微垣,屹峙禁城。竦五门之高阙,拔埃壒而上征"。"四极之内,是不一都,惟今大都为最隆。""称其都邑之壮,则崤函不为雄,京洛不为尊也。"[3]

所谓"从来立国者必首隆庙社之规,崇建阙廷之制",[4] 作为元大都权力的中枢,皇宫的建造更是极尽

---

[1] 〔清〕于敏中等:《日下旧闻考》卷五。
[2] 〔清〕于敏中等:《日下旧闻考》卷二九。
[3] 〔元〕李洧孙:《大都赋》,〔清〕于敏中等:《日下旧闻考》卷六。
[4] 〔清〕于敏中等:《日下旧闻考》卷九。

元大都的文化特色

铺张。从基本格局来看，皇宫以太液池为界，分为东西两部分：东侧为宫城，西侧则是太后居住的隆福宫和太子居住的兴圣宫。宫城亦为长方形，东西略短，南北略长。城设六门：正南曰崇天（崇天之左曰星拱，崇天之右曰云从），东曰东华，西曰西华，北曰厚载。宫城四隅各设一个角楼。宫城北边，是皇家御苑。宫城中的核心建筑名"大明殿"，"乃登极、正旦、寿节、会朝之正衙门也"。大明殿建筑群为"工"字形建筑，其后方有柱廊，柱廊北端连接后寝宫（香阁），香阁后为宝云殿。大明殿左右亦各设一殿：东曰文思殿，西曰紫檀殿。大明殿建筑群以北，亦为一组"工"字形建筑曰"延春阁"，为皇后的寝宫建筑群。大内西北为万寿山，其最高处亦矗立着一座宫殿即著名的广寒殿。

陶宗仪在《南村辍耕录》一书中，非常详细地记载了元大都宫阙的建筑情况：

  大内南临丽正门，正衙曰大明殿，曰延春阁。宫城周回九里三十步，东西四百八十步，南北六百十五步。高三十五尺。砖甃。至元八年八月十七日申时动土，明年三月十五日即工。分六门。

第二章 "应天地之中"：元大都与大一统文化秩序的构建

正南曰崇天，十一间，五门。东西一百八十七尺，深五十五尺，高八十五尺。左右趾楼二。趾楼登门两斜庑，十门。阙上两观皆三趾楼，连趾楼东西庑各五间。西趾楼之西，有涂金铜幡竿。附宫城南面，有宿卫直庐。凡诸宫门，皆金铺、朱户、丹楹、藻绘、彤壁、琉璃瓦饰檐脊。崇天之左曰星拱，三间，一门。东西五十五尺，深四十五尺，高五十尺。崇天之右曰云从，制度如星拱。东曰东华，七间，三门。东西一百十尺，深四十五尺，高八十尺。西曰西华，制度如东华。北曰厚载，五间，一门。东西八十七尺，深高如西华。角楼四，据宫城之四隅，皆三趾楼，琉璃瓦饰檐脊。直崇天门，有白玉石桥三虹，上分三道，中为御道，镌百花蟠龙。星拱南有御膳亭，亭东有拱辰堂，盖百官会集之所。东南角楼。东差北有生料库，库东为柴场，夹垣东北隅有羊圈。西南角楼，南红门外留守司在焉。西华南有仪鸾局，西有鹰房。厚载北为御苑。外周垣红门十有五，内苑红门五，御苑红门四。此两垣之内也。

大明门在崇天门内，大明殿之正门也，七间，三门。东西一百二十尺,深四十四尺,重檐。日精门在大明门左,月华门在大明门右,皆三间,一门。

大明殿,乃登极、正旦、寿节、会朝之正衙门也,十一间,东西二百尺,深一百二十尺,高九十尺。柱廊七间,深二百四十尺,广四十四尺,高五十尺。寝室五间,东西夹六间,后连香阁三间,东西一百四十尺,深五十尺,高七十尺。青石花础,白玉石圆碣,文石甃地,上藉重裀,丹楹金饰,龙绕其上。四面朱琐窗,藻井间金绘,饰燕石,重陛朱阑,涂金铜飞雕冒。中设七宝云龙御榻,白盖金缕褥,并设后位,诸王百寮怯薛官侍宴坐床,重列左右。前置灯漏,贮水运机,小偶人当时刻捧牌而出。木质银裹漆瓮一,金云龙蜿绕之,高一丈七尺,贮酒可五十余石。雕象酒卓一,长八尺,阔七尺二寸。玉瓮一,玉编磬一、巨笙一。玉笙、玉箜篌,咸备于前。前悬绣缘朱帘,至冬月,大殿则黄貂皮壁幛,黑貂褥;香阁则银鼠皮壁幛,黑貂暖帐。凡诸宫殿乘舆所临御者,皆丹楹、朱琐窗,间金藻绘,设御榻,裀褥咸备。屋之檐脊

第二章 "应天地之中": 元大都与大一统文化秩序的构建

皆饰琉璃瓦。文思殿在大明寝殿东,三间,前后轩,东西三十五尺,深七十二尺。紫檀殿在大明寝殿西,制度如文思。皆以紫檀香木为之缕花,龙涎香间白玉饰壁,草色髹绿其皮为地衣。宝云殿在寝殿后,五间,东西五十六尺,深六十三尺,高三十尺。

凤仪门在东庑中,三间,一门,东西一百尺,深六十尺,高如其深。门之外有庖人之室,稍南有酒人之室。麟瑞门在西庑中,制度如凤仪。门之外有内藏库二十所,所为七间。钟楼,又名文楼,在凤仪南。鼓楼,又名武楼,在麟瑞南。皆五间,高七十五尺。嘉庆门在后庑宝云殿东,景福门在后庑宝云殿西,皆三间一门,周庑一百二十间,高三十五尺。四隅角楼四间,重檐,凡诸宫周庑,并用丹楹、彤壁、藻绘、琉璃瓦饰檐脊。延春门在宝云殿后,延春阁之正门也,五间三门,东西七十七尺,重檐。懿范门在延春左,嘉则门在延春右,皆三间一门。延春阁九间,东西一百五十尺,深九十尺,高一百尺,三檐重屋,柱廊七间,广四十五尺,深一百四十尺,高五十尺。寝殿七

元大都的文化特色

间，东西夹四间，后香阁一间。东西一百四十尺，深七十五尺，高如其深，重檐。……隆福殿在大内之西……兴圣门，兴圣殿之北门也，五间，三门，重檐，东西七十四尺。……万寿山在大内西北太液池之阳，金人名琼花岛，中统三年修缮之，至元八年赐今名，其山皆叠玲珑石为之，峰峦隐映，松桧隆郁，秀若天成。……左右皆有登山之径，萦纡万石中，洞府出入，宛转相迷。至一殿一亭，各擅一景之妙。山之东有石桥，长七十六尺，阔四十一尺半。为石渠以载金水，而流于山后以汲于山顶也。又东，为灵圃，奇兽珍禽在焉。广寒殿在山顶，七间，东西一百二十尺，深六十二尺，高五十尺，重阿藻井，文石甃地，四面琐窗，板密其裹，遍缀金红云，而蟠龙矫蹇于丹楹之上。……太液池在大内西，周回若干里，植芙蓉。仪天殿在池中圆坻上，当万寿山，十一楹，高三十五尺，围七十尺，重檐，圆盖顶，圆台址……隆福宫西御苑在隆福宫西，先后妃多居焉。香殿在石假山上，三间，两夹二间，柱廊三间，龟头屋三间。丹楹琐窗，间金藻绘，玉石础，琉

第二章 "应天地之中":元大都与大一统文化秩序的构建

璃瓦。殿后有石台,山后辟红门,门外有侍女之室二所,皆南向并列。又后直红门,并立红门三。三门之外,有太子斡耳朵荷叶殿二。在香殿左右,各三间,圆殿在山前。圆顶上置涂金宝珠,重檐。后有流杯池,池东西流水,圆亭二,圆殿有庑以连之。歇山殿在圆殿前,五间,柱廊二,各三间。东西亭二,在歇山后左右,十字脊。[1]

马可·波罗、鄂多立克、孟德高维奴、伊本·白图泰等也在各自的游记中以惊艳的笔触渲染了"大汗"宫殿的富丽堂皇。在马可·波罗笔下,元朝皇宫是一系列宏大广场和建筑物的组合,而其中大汗的宫殿"其宏大的程度,前所未闻。这座皇宫从北城一直延伸到南城,中间只留下一个空院,是贵族们和禁卫军的通道。房屋只有一层,但屋顶甚高,房基约高出地面 10 指距,周围有一圈大理石的平台,约二步宽。所有从平台上经过的人外面都可看见。平台的外侧装着美丽的柱墩和栏杆,允许人们在此行走。大殿和房

---

[1]〔元〕陶宗仪:《宫阙制度》,《南村辍耕录》卷二一,武克忠、尹贵友校点,齐鲁书社 2007 年版,第 274—278 页。

元大都的文化特色

间都装饰雕刻和镀金的龙,还有各种鸟兽以及战士的图形和战争的图画。屋顶也布置得金碧辉煌,琳琅满目……"[1] 鄂多立克则将"可汗的宫殿"誉为"系全世界之最美者":"总之他居住的宫殿雄伟壮丽。其殿基离地约两步,其内有二十四根金柱;墙上均悬挂着红色皮革,据称系世上最佳者。宫中央有一大瓮,两步多高,纯用一种叫做密尔答哈(Merdacas)的宝石制成(而且是那样精美,以致我听说它的价值超过四座大城)。瓮的四周悉绕以金,每角有一龙,作凶猛搏击状。此瓮尚有下垂的以大珠缀成的网縩,而这些縩宽为一拃。瓮里的酒是从宫廷用管子输送进去;瓮旁有很多金酒杯,随意饮用。宫殿中尚有很多金孔雀。当鞑靼人想使他们的君主高兴时,他们就一个接一个地去拍手;孔雀随之振翅,状若舞蹈。那么这必定系由魔法驱动,或在地下有机关。"[2] 伊本·白图泰的叙述则突出了宫殿的威严感:"可汗的宫殿位于城的中央,专供可汗居住,其建筑多为精工雕刻的木质结构,布局独

---

[1]〔意〕马可·波罗:《马可·波罗游记》,梁生智译,第109—110页。
[2]《海屯行纪 鄂多立克东游录 沙哈鲁遣使中国记》,何高济译,第73—74页。

第二章 "应天地之中"：元大都与大一统文化秩序的构建

具风格，有门七座。第一座门内，由守门提督坐守，门内左右两旁都设有高台，台上是守门奴隶，其数为五百人。有人告诉我说，他们原是一千人。第二座门内坐守者为弓箭手，其数为五百人。第三座门内坐守者为长矛手，其数为五百人。第四座门内坐守者为刀盾手。第五座门内为宰相官衙，内设许多拱篷，最大拱篷内设一极高极大的坐垫，供宰相坐憩，他面前摆设着一大金墨盆。相对这一拱篷的是秘书的拱篷，其右侧是信函秘书的拱篷。宰相拱篷的右侧，是事务书记拱篷。与此四座拱篷相对的是四座拱篷。其一是管理官衙，总管坐守其中。其二是税收官衙，其长官是一大长官，这里的税收是指官吏、长官采邑以外的余额。其三为申诉官衙，由一位大长官及几位法学家和录事坐守。凡有冤屈者，可向他们鸣冤申诉。其四是邮驿官衙，汇报长官坐守其中。皇帝的第六门由御林军在总长官统帅下坐守其七门……"[1]

元大都关于权力秩序的第三个体现是对"中心"的确立和凸显。它首先在积水潭北岸建钟楼，作为全

---

[1]〔摩洛哥〕伊本·白图泰：《伊本·白图泰游记》，马金鹏译，华文出版社2015年版，第407页。

元大都的文化特色

城的几何中心,钟鼓楼坐落于皇城中轴延长线上,横向与东、西城墙等距,纵向和南、北城墙等距。元大都的皇城和宫城虽然并不居于全城的中心,而是在南部偏西的位置,但其中心观念同样非常明确。它以皇城内海子(今什刹海)东岸为中心阁,阁西立有一块石碑,上书"中心之台"四字,此处即全城的几何中心。以此为起点,向南延展至丽正门,构成全城的中轴线。宫城内的主要建筑,如大明殿、延春阁等均坐落于此中轴线上。[1]

以上种种,充分体现了封建专制集权下的权力秩序格局,换句话说,元大都的空间设计本身就是元朝权力秩序和社会结构的空间化呈现。元大都首先是作为权力物而存在的,所以无论其城市结构还是景观空间的生产,都围绕权力要素进行。与空间景观相联系,元大都形成了独具特色的空间地形,即城市社会关系的空间分布形态。

值得注意的是,在大秀"集权肌肉"的同时,元大都又呈现出显著的开放性。比如,大都的坊采取

---

[1] 侯仁之:《北平历史地理》,邓辉、申雨平、毛怡译,外语教学与研究出版社 2014 年版,第 100 页。

第二章 "应天地之中":元大都与大一统文化秩序的构建

了临街而建的方式,在被划成网格状的 50 个坊之间,有坊门而无坊墙,代替坊墙的,是繁华的街道和店铺。

第三章 "天堑变通途":元大都与中华多元一体文化的发展

"中华民族作为一个自觉的民族实体,是在近百年来中国和列强的对抗中出现的,但作为一个自在的民族实体,则是几千年的历史过程所形成的。"[1]中华民族的缘起虽然可以追溯至先秦时期的春秋战国时代,但迄晚清之前,其发展一直处于自在的阶段。"民族"一词,早在公元5世纪的南朝宋、齐时期即已出现,以区分宗族之属或华夷之别。在中国古代历史上,"华夷之别"主要取决于两个因素:一是空间界限;二是文化差异。因此,空间界限的消除和文化的同质化就成为数千年来中华民族认同在多元一体发展中不断

---

[1] 费孝通:《中华民族多元一体格局》,中央民族学院出版社1989年版,第1页。

第三章 "天堑变通途"：元大都与中华多元一体文化的发展

加强的基本动力。关于这个问题，美国学者陆威仪的研究很有说服力。他指出，在空间变化推动中华民族多元一体文化发展方面，南北朝是一个很好的例子，在这一时期，中国地理被"重新定义"，长江流域以及南方山区的开发，拓展了"中国"的疆域和文化。[1] 而关于后一点，秦代则是很有说服力的证据。战国时期，秦作为僻处西陲的诸侯国之一，在"夷""夏"之防中明确被视为代表异族和落后的一方——"夷"，《春秋公羊传》中就有这样的记载："秦伯卒。何以不名？秦者夷也。"那么，秦国是如何脱"夷"入"夏"，完成大一统国家民族认同的呢？陆威仪指出：除了依靠强大的军事力量，消灭六国，完成地域上的一统之外，秦国通过收天下之兵，北筑长城等措施，强化了"把天下想象为由游牧民族和中国二者所构成"的观念，具有很强的促进国族认同的意义。而这种以内部同质化，外部"他者"化的方式所发动的社会和心理动员堪称

---

[1] 〔加〕卜正民：《挣扎的帝国：元与明》，潘玮琳译，中信出版社2016年版，第3页。

"一个巨大的进步"。[1]事实上,历史上"中国"的形成、移动和变化,正是在王朝疆域的不断变化和陆威仪所谓政治—文化—生活逐渐"同质化"的过程中发生的。而元帝国作为中国历史上疆域最大的统一帝国,其"同质化"的范围和程度是其他任何历史时期所不可比拟的。

第一节 元大都的建立与文化统一格局的重构

元帝国以大都为都城,不仅意味着北京地区有史以来第一次真正获得了"天下之中"的地位,也标志着中国南北关系的历史性变化及南北文化的突破性发展。

早在先秦时期,北京地区就成为华夏民族生存的重要区域之一。它"右太行而左碣石,前沧海而后居庸"[2],踞华北平原出入东北平原、蒙古高原之门户,乃北方游牧文化、渔猎文化及华北农耕文化之界限,

---

[1] 〔美〕陆威仪:《早期中华帝国:秦与汉》,王兴亮译,第139页;〔加〕卜正民:《挣扎的帝国:元与明》,潘玮琳译,第3页。

[2] 〔清〕于敏中等:《日下旧闻考》,表文。

第三章 "天堑变通途"：元大都与中华多元一体文化的发展

地势险要，位置特殊，因而商周以来，它从自然生长的早期聚落逐步发展到方国诸侯的领地中心、封建国家北方军事重镇，以及辽朝陪都和金朝首都。但元代以前，在中原王朝的"天下"体系中，这一区域仍然偏居东北一隅。尤其辽、金以前，它的整体色调是"风萧萧兮易水寒"的清冷，是长城古堞、玉关秋草的萧杀；其主要功能，则是作为一道屏障抵挡北方游牧民族南下抢掠。直至这里为北方游牧民族所据有，北京开始进入"都城"的选项。辽攻占幽州后，辽太宗耶律德光于938年将其定为"南京幽都府"，作为"五京"之一，1012年改号析津府。金太祖占领燕京后，"从初约以与宋"，大臣企功献诗劝谏曰："君王莫听捐燕议，一寸山河一寸金。"[1] 至海陵王统治时期，"上书者咸言上京临潢府僻在一隅，官艰于转漕，民难于赴愬，不如都燕，以应天地之中"[2]，遂迁都于燕。这可能是首次出现燕乃"天地之中"的说法，然而在金宋对峙的

---

[1] 徐萍芳编著：《辽金蒙古时期燕京史料编年·元大都创建史料编年》，第28页。

[2]〔元〕孛兰盼等撰，赵万里校辑：《元一统志》卷一，中华书局1966年版，第2页。

格局下，这种说法显然不够准确。只有蒙古民族入主中原、统一全国后，中国在东北与北方的版图面积急剧扩大，以前处于中央王朝北端的幽燕地区才真正成为"天地之中"。[1] 而居"天地之中"的"北京一旦变成了首都，整个中国的格局就发生了很大的变化，南北的关系也发生了很大的变化"[2]。

蒙古人在缔造元朝的过程中，先后消灭西夏、金、大理、吐蕃、南宋等政权，结束了安史之乱以来五百余年的分裂局面，在"北逾阴山，西极流沙"的广大疆域内建立了空前规模的多民族统一国家，客观上形成了有利于各民族交流发展的有利环境。陈垣先生曾高度评价元代所创造的南北文化融合的杰出成就："盖自辽、金、宋偏安后，南北隔绝者三百年，至元而门户洞开，西北拓地数万里，色目人杂居汉地无禁，所

---

[1] 周振鹤：《东西徘徊与南北往复——中国历史上五大都城定位的政治地理因素》，《华东师范大学学报（哲学社会科学版）》2009年第1期。

[2] 赵世瑜：《在空间中理解时间：从区域社会史到历史人类学》，北京大学出版社2017年版，第26—27页。

第三章 "天堑变通途":元大都与中华多元一体文化的发展

有中国之声名文物,一旦尽发无遗。"[1]而在主观上,元统治者以中原之主和中华文化的继承者自居,为加强其统治,采取了一系列促进南北交流的措施,如将京杭大运河的北端延伸到大都城内,实行科举制选拔全国优秀人才,等等。可见,大都作为元帝国的首都,无论在南北人才、物资、机构的聚集,还是推动南北融合政策的制定及实施方面,显然发挥着其他城市所不可比拟的作用。

值得强调的是,草原游牧文化与中原农耕文化的交流与融合乃元帝国南北交流的一个重要组成部分,因为在某种意义上,元朝的建立意味着"一个新的中国,一个具有草原帝国意义的中国"[2]首次登上了世界历史的舞台。这个"具有草原帝国意义的中国"也是我们审视大都文化及其特点的重要方面。

---

[1] 陈垣:《元西域人华化考》卷八,见《励耘书屋丛刻(上)》,1934年励耘书屋原刻本,北京师范大学出版社1982年重印,第258—259页。

[2] 赵世瑜:《在空间中理解时间:从区域社会史到历史人类学》,北京大学出版社2017年版,第26页。

第二节 文化空间的汇合与南北文化交融

元代多民族文化的发展和交融不仅得益于这一时期文化空间的整体扩展，也得益于空间内部的文化交汇。元统治者通过陆上的辇路、驿站、运河及海上的航线创造了前所未有的文化交流网。特别是在水路方面，元朝一方面在隋唐大运河的基础上取直加长，修造了大都直通江南的大运河；另一方面首次全线开通了从江苏浏家港至界河口（今天津大沽）的航道。为了进一步便利大都的对外交通，忽必烈还专门下令对元大都原有的城墙进行大规模改造，以运河串联海运与陆运，使之变成了"与海相连的都城"。这一系列的措施，为广阔的元朝疆域内文化的自由交流和彼此融合创造了良好的条件。

（一）农耕文化空间与游牧文化空间的汇合

前面已经提到，中原统一王朝自秦汉以来，便有意将"游牧空间"和"农耕空间"相分隔甚至对立起来。这一做法一方面强化了"中国"的文化和心理认

第三章 "天堑变通途":元大都与中华多元一体文化的发展

同,促进了中华民族的"国族"认同;另一方面,也在农耕文化与游牧文化之间构筑了一道"天堑",隔着燕京身后逶迤延绵的万里长城,汉族与北方的山戎、匈奴、鲜卑、突厥、契丹等民族分别保持着农耕与游牧两种不同的生活方式和文化形态,大多数时间,双方在静默中对峙,偶尔游牧民族举兵进犯,在边境上掀起一片滚滚狼烟。但这些游牧民族即使越过边境,一般也会在劫掠之后打马而归,狼烟散尽,双方再次恢复井水不犯河水的状态。因此冯天瑜先生认为,"与其说长城是中国古代若干王朝的北部边界,毋宁说是中华文化圈内农耕与游牧这两大部类文明形态的分界线"[1]。

辽金时期,燕京地区相继归入辽、金版图,农耕文化开始被辽金统治者所吸收。但整体来看,这一时期游牧文化与农耕文化的融合尚不显著。蒙古崛起之后,从成吉思汗到蒙哥,四任大汗都坚持草原本位政策,"视居庸以北为内地",对农耕文化吸收也非常有限。直至忽必烈建立元朝,迁都汉地,以大都为首都,

---

[1] 冯天瑜:《长城的文化意义》,《湖北社会科学》1990年第10期。

而以龙兴之地——上都作为陪都，并实行两都巡幸制度，情况方发生实质性的变化。在每年的大部分时间里，元帝都居住在大都，四月至八九月间则赴上都避暑。每当元帝前往上都，浩浩荡荡的随行队伍簇拥着皇帝的毡车，从依《周礼·考工记》修建而成的巍峨宫殿出发，行走在宽阔的辇路上，沿途十八座蒙古包形态的捺钵依次排列，像一条长长的纽带，将长城内外的农耕文化区与游牧文化区联结起来。此种场景，从当时随扈出行的文人墨客们所写的"上京即行诗"可见一斑。例如陈宜甫《毡车行》："北方毡车千万辆，健牛服力骆驼壮。清晨排作雁阵行，落日分屯夹毡帐。辙分古道辨东西，白雪黄云不可迷。后人迤逦循旧迹，那知创自轩辕时。两轮奔奔如日月，经年鞿辘何时歇。辗教沙草绿还枯，几过河冰冻仍裂。江南野客惯乘舟，北来只梦烟波秋。于今天下皆王土，欲得回辕到彼游。"朱有燉《元宫词百章》："侍从常向北方游，龙虎台前正麦秋。信是上京无暑气，行装五月载貂裘。"等等。在诗人笔下，农耕文化与游牧文化之间的流动、交汇栩栩如生。昔日"边塞最具象征意义的空间表征""将内部的中国空间与外部的非中国空间隔离开来，内中

第三章 "天堑变通途":元大都与中华多元一体文化的发展

国而外蛮夷"[1]的长城,也结束了其一千多年来作为边境之壁的历史,化为一道域内的风景线,长城作为中华民族边界以及王朝"边塞"的意义完全消失。此时映入诗人们眼帘的虽然是熟悉的寒燕、飞沙、古塞与长城,但"置身在这不再属于边塞的边塞之上,上京纪行诗的作者们失落的不只是一条消失的国界,也失去了想象的敌人"[2]。而边塞诗的文风,也从"北风号蓟门,杀气日夜兴","莫言关塞极,云雪尚漫漫"的肃杀,转向以帝王旅行化成天下的荣耀:"在昔恃险隘,当关守千夫。一朝天马来,岩崿成康衢。"

(二)南北文化空间的贯通

燕京地势险要,风水绝佳,气候适宜,物产丰富,所谓"自古建都之地,上得天时,下得地势,中得人心,未有过此者也"[3]。其地势得天独厚之处,在于雄伟与险峻,"虎踞龙蟠,形势雄伟,以今考之,是邦之地,

---

[1] 李嘉瑜:《上京纪行诗的"边塞"书写——以长城、居庸关为论述主轴》,《台北教育大学语文集刊》2008年第14期。

[2] 李嘉瑜:《上京纪行诗的"边塞"书写——以长城、居庸关为论述主轴》,《台北教育大学语文集刊》2008年第14期。

[3] 〔清〕于敏中等:《日下旧闻考》卷五。

元大都的文化特色

左环沧海,右拥太行,北枕居庸,南襟河济,形胜甲于天下,诚天府之国也"。[1] 然而自从成为都城,北京就深深地被一个问题所困扰,这就是它的水资源及物流供给:作为全国最大的消费城市,元大都"百司庶府之繁,卫士编民之众,无不仰于江南",[2] 而南北交通恰恰是北京的"软肋"。北京西、北、东北分别为太行山脉、燕山山脉所环绕,两山在南口关沟相交后形成向东南展开的"北京湾"。因地势所限,元代之前,进出北京的交通要道只有三条。北上必须通过西北角的南口或东北角的古北口,南下及西行则只能通过无定河(康熙命名永定河)上的卢沟古渡及金中宗修建的卢沟桥。而都城所需的绝大部分物资显然要从南方调运。而从中国地势的特点来看,大江大河均为东西走向,南北之间没有天然的河流可以通航。海河、黄河、淮河、长江、钱塘江五大水系自西向东流入大海,反而形成五道南北交通的巨大阻碍,隋代开凿的南北大运河虽然将南北连为一体,但河道经常

---

[1] 〔清〕于敏中等:《日下旧闻考》卷一一二。
[2] 〔元〕危素:《元海运志》,转引自白寿彝总主编:《中国通史》第八卷,第867页。

第三章 "天堑变通途":元大都与中华多元一体文化的发展

淤塞,渐渐不可通行。为此,金代一度试图通过卢沟漕运解决交通问题,可惜未能见工。史载金大定十二年(1172):

> 上令人覆按,还奏止可五十日。上召宰臣责曰:"所余三十日徒妨农费工,卿等何为虑不及此。及渠成,以地势高峻,水性浑浊,峻则奔流漩洄,啮岸善崩,浊则泥淖淤塞,积滓成浅,不能胜舟。"其后,上谓宰臣曰:"分卢沟为漕渠,竟未见功。若果能行,南路诸货皆至京师,而价贱矣。"平章政事驸马元忠曰:"请求识河道者,按视其地。"竟不能行而罢。[1]

宋、金时期,除天然的阻隔外,政权的对峙又在江淮地区筑起了一道人为的新的"长城",使南北文化的阻隔更形严重。

因此,元代统一及其京杭大运河的贯通对于南北文化交流具有划时代的意义。一方面,随着政权对峙

---

[1] 〔元〕脱脱:《金史》卷二七,志第八,百衲本景印元至正刊本。

元大都的文化特色

局面的消失,南北文化的人为阻断被消除,北方与江南的联络恢复畅通。另一方面,随着贯通海河、黄河、淮河、长江、钱塘江五大水系的京杭大运河的开通,南北文化的交融空前广泛和深入,大都也一跃成为荟萃南北文化的"枢纽"。梁启超在论及大运河对燕京地区的影响时曾感叹:"燕自古以来,不足为中原之轻重久矣。……其转捩之机,皆在于运河!"他认为,在运河开通之前,"中国南北两大河流,各为风气,不相属也"。而"自隋炀浚运河以连贯之,而两江之下游,遂别开交通之路"。"自运河既通以后,而南北一统之基础,遂以大定。此后千余年间,分裂者不过百年耳;而其结果能使江河下游,日趋繁盛,北京南京两大都,握全国之枢要,而吸其精华。"[1] 可以说,梁氏对隋代首开南北运河之功的赞誉并不夸张。需要指出的是,隋代所开的大运河虽然通到了涿郡,但由于中心点在洛阳,运河呈横向布局,而且当时向涿郡运送的物资,主要是供驻边将士食用的粮食和使用的军械,所以就燕京地区来说,隋代受到南方文化的影响完全不可与

---

[1] 梁启超:《中国地理大势论》,《饮冰室合集》文集第四册,中华书局1989年版,第83页。

第三章 "天堑变通途":元大都与中华多元一体文化的发展

元代开通京杭大运河后同日而语。

元代大运河由通惠河、北运河、南运河、鲁运河、中运河、里运河和江南运河七段组成,自大都出发直达杭州,纵贯南北。其中在北京新开通的一段名为通惠河,由时任都水监的杰出水利专家郭守敬设计并主持修建。通惠河乃"导引温榆河上源诸泉之水济漕,引昌平白浮泉水西行,从上游绕过沙河、清河谷地,循西山麓转而东南,沿着平缓的坡降,汇集沿山泉流,聚入瓮山泊;再从瓮山泊扩凌长河、高梁河至义门(今西直门)水关入大都城,汇入积水潭内;然后从积水潭出万宁桥,沿皇城东墙外南下出丽正门东水关,转而东南至文明门(今崇文门以北)外,与金代的闸河故道相接,下至通州高丽庄入白河(即潞水,今北运河),全长200余里"[1]。京杭大运河开通后,"江淮、湖广、四川,海外诸番土贡粮运,商旅懋迁,毕达京师"[2]。实际上,除南方的粮食、食盐、茶叶、各地的土产、手工业品及海外的贡品等通过京杭大运河上

---

[1] 袁行霈、陈进玉、戴逸等主编:《中国地域文化通览·北京卷》,中华书局2013年版,第419页。
[2] 〔元〕苏天爵:《元名臣事略》卷二,清文渊阁四库全书本。

元大都的文化特色

"漂"至北京外,还有大量的书籍、文化用品,文人学士、手工匠人等也接踵而至。此外,大都是科举士子们举行会试的地方,参加会试的士子们一路乘舟溯运河而上,旅途中面对运河两岸的自然风光、风景名胜、地理风物,吟物成诗,借景抒怀,通过诗词游记等把各地的风物人情带到大都。随各种建筑材料一起"漂"来的还有建设大都的能工巧匠们,他们带来了南方高超的工艺和技术。大量江南儒士也来到大都寻找发展机遇,不仅在蒙古、色目人占优势的元朝都城传播了传统儒学文化,也为元朝政权实行汉法提供了重要的舆论支持。运河所带来的南北文化融合也滋养了"大都杂剧派"的兴盛,他们融汇南北文化因子所创作的元曲与杂剧等在题材和内容上都更为丰富多彩。

而随着运河的繁荣和积水潭码头的建设,运河沿岸迅速成为元大都的经济文化中心,积水潭一带也迅速成为兼备南北特色的商业街市和文化景观。据说"通惠河"这一名称就是当年元世祖自上都返回大都路过积水潭时,见眼前"舳舻蔽水",一片繁盛景象,龙颜大悦而即兴命名的。黄文仲《大都赋》中"文明为轴舻之津"则既反映了大都十一座城门之一——文明门与

第三章 "天堑变通途"：元大都与中华多元一体文化的发展

运河的关系，也隐喻了"轴舻"在大都文化（文明）中的地位和影响。[1] 北京的"运河文化"由此形成。

至今我们依然可以在积水潭一带看到一些元代运河文化的风貌，如地安门至鼓楼一带的传统商业格局、什刹海周边的码头水市风貌，白浮泉及其引水渠、通惠河水道（包括城中段的玉河等）、坝河、沿河附近的仓场（南新仓、神木仓等）、闸坝（广源闸、庆丰闸等）、码头（高碑店、张家湾）等等，都是元代大运河留下来的物质文化遗产。另外一些地名中也保留着当年元朝大运河文化的痕迹，如积水潭、什刹海、西坝河、后门桥等。

可见，运河对于北京来说，不仅仅是一条输送物资供给的经济生命线，更是连接五大水系的文化线。运河不仅把江南的物资和文化运送到大都，也把以皇家贵族文化及士大夫文化为特色的大都文化带到

---

[1] 元代从大都到通州相继开凿了坝河和通惠河。最先从光熙门（今北京东直门北面，当年这里是主要粮仓所在地）向东修筑坝河到通州城北，接温榆河。因这条水道地势西高东低，差距 20 米左右，河道的比降较大，为了便于保存河水，利于粮船通航，在河道上建有七座闸坝，故名。后来因坝河水源不足，水道不畅，元朝又从积水潭向东开凿通航河段，经皇城东侧南流，东南去文明门（今北京崇文门北），东至通州接白河。

元大都的文化特色

南方。

除京杭大运河之外,元代海运的发展也大大推动了南北文化的交流。中国海运始于秦代,唐代杜甫诗"云帆转辽海,粳稻来东吴"也反映了当时海运的情况,但其时这些粳稻还只是供给边方的特殊措施。"用之以足国,则始于元焉。"由于运河受季节性水流变化影响,常出现"岸狭水浅,不任重载",以及河道狭窄,"大船充塞于其中,阻碍余船不得来往"等状况,海运在元代一直发挥着不可或缺的作用。13世纪末,元政府相继组织开通了两条从长江口通往天津的航路:一条是"自刘家港开洋,至撑脚沙,转沙嘴至三沙,扬子江,过匾担沙、大洪,又过万里长滩,放大洋,至清水洋,又经黑水洋至成山,过刘家(公)岛芝罘、沙门二岛,放莱州大洋,抵界河口";另一条是"从刘家港入海,至崇明州三沙放洋,向东行入黑水大洋,取成山转西至刘公岛,又至登州沙门岛,放莱州大洋,入界河"。两条航线的开通,大大便利了南方物资的北运,尤其第二条航线开通后,"浙西至京师,不过旬日而已"。因此,海运也是元代南北方文化沟通和交流的重要渠道。

第三章 "天堑变通途"：元大都与中华多元一体文化的发展

（三）文化微循环系统的全覆盖

元朝在构建文化交流空间方面的另一个突破，是覆盖全国的驿站系统的建设。《元史·兵志》："元制，站赤者，驿传之译名也。盖以通达边情，布宣号令，古人所谓置邮而传命，未有重于此者焉。"蒙古时代的驿站被称为"站赤"，是从蒙古语音译而来，其中"站"为转写蒙古语发音，以字形表示字意，"赤"则在蒙语中表示"……的人"，"站赤"本意为"从事驿传者"，在元代则多用来指称驿传及其系统整体。[1]元代的站赤系统始于成吉思汗时期仿效中原驿站制度恢复或新建的一些驿站，后来随着蒙古征服的地域不断扩展，驿站设置的范围也日益扩大，至窝阔台汗时已覆盖整个大蒙古疆域，到忽必烈时期继续加以完善，从而构建了一个遍布帝国、四通八达的异常发达的驿站交通网络。在这个网络中，设有陆站、水站一千五百处：陆站又分为马站、牛站、车站、轿站、步站等，北方使用雪橇的地区设有狗站；水站中又有海站。另外还

---

[1] 〔日〕杉山正明：《忽必烈的挑战：蒙古帝国与世界历史的大转向》，周俊宇译，第38—39页。

元大都的文化特色

有专门负责传递官方文书的急递铺,俾帝国之内,"适千里者,如在户庭;之万里者,如出邻家"[1],"通达边情,布宣号令""梯航毕达,海宇会同",不仅大大便利了帝国内部的交通,而且为文化和信息的传播创造了非常便捷的条件。

元代驿站效率很高。据意大利人鄂多立克记载:"当帝国中发生新事时,使者立刻乘马飞奔宫廷;但若事态紧迫,他们便乘单峰骆驼出发。他们接近那些驿站——客栈或车站——时,吹响一只号角,因此客栈的主人马上让另一名使者作好准备;前来投递情报的骑士把信函交给他,他本人则留下来休息。接过信的另一名使者,赶快到下一驿站,照头一人那样做。这样,皇帝在普通的一天时间中得知三十天旅程外的新闻。"[2] 意大利来华基督教主教约翰柯拉在《大可汗国记》一书中也描述了元朝驿站系统的高效运行:"境内各城邑间,皆有邮差居所。邮差或步行,或骑马,腰股上系响铃,为皇帝递送公文。行近站时,则将腰上响铃振之,声达站中。站内人闻之,亦如此预备。接

---

[1] 〔元〕王礼:《麟原文集》前集卷六,清文渊阁四库全书本。
[2] 《海屯行纪 鄂多立克东游录 沙哈鲁遣使中国记》,第72页。

到公文，即再行火速奔驰，递往别站。如是而递至全国各地，昼夜不停，至送达目的地为止。虽在三月路程以外之消息，大可汗皆可于十五日内知悉之也。"[1]

驿站虽然因军事目的而设，但也接待其他的旅客。"四方往来之使，止则有馆舍，顿则有供帐，饥渴则有饮食。"[2] "这些屋舍（驿站）中有各种生活必需品，'对于在那些地区旅行的一切人，无论其境况如何，有旨叫免费供给两餐'。"[3]

可见，自大都扩散至元帝国四面八方直至边疆各地的驿站系统，就像这个庞大肌体的血管，构成了文化及信息的微循环系统，促进了各地的人员流动和文化交流。

第三节　融合中的文化格局：建筑、宗教、文学、文字、习俗

史念海先生认为，"举凡各地的风俗习尚、族类

---

[1] 张星烺编注：《中西交通史料汇编》第一册，中华书局2003年版，第271页。

[2] 〔明〕宋濂：《元史》卷一〇一，志第四九，第2583页。

[3] 《海屯行纪　鄂多立克东游录　沙哈鲁遣使中国记》，第72页。

元大都的文化特色

居住、儒家经典、鞍马骑射、音乐舞蹈、宫殿建筑,皆有涉及。各地风俗习尚不尽相同,甚而还有凿枘难入之处。这样的差异往往能在都城得到融合,向更高处发展,对于全国的文化也就起更多的促进作用。熟习儒家经典和锻炼鞍马骑射,本是文武殊途,一经融合,便是既文又武,相得益彰。"[1]元大都正是这样一个典范。

在元帝国形成和扩张的过程中,不断将各民族的人口卷入其中,因此元代人口的民族构成较以往各代都更为复杂。意大利人马可·波罗曾对大都人口的繁庶和市场的繁荣称羡不已,在他的行记中连连发出慨叹,称汗八里"户口繁盛""城内外人户繁多""居民之众""百物之输入""世界诸城无能与比"。流入大都的人口,主要有以下几种来源。一是匠户民夫的流入。如至元二年(1265),元"徙镇海百里八谦谦州诸色匠户于中都,给银万五千两为行费。又徙奴怀忒木带儿炮手人匠八百名赴中都,造船运粮"[2]。至元三年(1266),"籍高丽民三百人为兵,令君祥统之。从秃

---

[1] 史念海:《中国古都和文化》,《中国历史地理论丛》1993年第4期。
[2] 〔明〕宋濂:《元史》卷六,本纪第六,第105页。

第三章 "天堑变通途":元大都与中华多元一体文化的发展

花秃烈、伯颜等军,筑万寿山,复从开通州运河"[1]。二是官兵及家眷的定居。由于政权的需要,不仅大批的蒙古族官吏、士兵及其家眷入居大都,甚至有不少唐兀人、畏兀儿人乃至欧洲人来到大都入仕做官。三是来此贸易的商人、参加科举考试的士子、旅居此地的文人等等。由于元代统治者来自朔漠,在人口政策方面对蒙古人、西域人及其他少数民族有所偏重,吸引了大量的少数民族人口进入大都,包括前朝定居中原的契丹人和女真人、来自蒙古大草原的蒙古人和其他游牧民族,以及被蒙古人强制迁移到这里的少数民族部众等。地域方面,远至漠北、东北、云南、畏兀儿、吐蕃等边远地区的民众都纷纷向元大都集聚。据统计,当时大都人口总数达110万,约占全国人口总数的1/60。[2] 其中,工匠及家属人数达33万8000余人,宿卫诸军10万人,佛教寺院、基督教徒8万人左右(佛教寺院7万余人,信奉基督教的斡罗思人近万人),

---

[1]〔明〕宋濂:《元史》卷一五四,列传第四一,第3631页。
[2] 据《蓬窗日录》卷三(明嘉靖四十四年刻本)载:"元世祖混一之初,户一千三百一十九万六千二百六,口五千八百八十三万四千七百一十一,至其末年,口五千九百八十四万八千九百六十四。"

元大都的文化特色

乐工、富商6万3000余人，下层市民、农业人口41万（下层市民包括小商小贩、私人小手工业匠户、儒户、医户、驿站户、车站户、洒扫户和观星户等等），官府、宫廷人口11万人。[1] 各族民众、各式居民及域外人士的共居杂处，赋予了元大都丰富多彩的多元文化特色，加之元朝实行兼容并包的文化政策，积极吸收各民族、各宗教的文化成果，促成了元帝国特别是元大都开放多元的文化形态和格局，使之成为中华民族多元一体文化发展的典型范例。

在元大都，游牧文化与农耕文化空前融合，塞外之风与中原旧风或比邻而居，或混融一体，呈现出令人耳目一新的文化特色。

（一）建筑：农耕与游牧文化融为一体

我国是一个统一的多民族国家，不同民族文化的交融往往最直接地反映在建筑上。当年，当蒙古人逐鹿中原时，他们把草原的雄风吹到了平原沃土，同时也把中原的农耕文明带进了蒙古毡房，元代的都城建

---

[1] 周继中：《元大都人口考》，《中国蒙古史学会论文选集（1981）》，内蒙古人民出版社1986年版。

第三章 "天堑变通途":元大都与中华多元一体文化的发展

设就是这两种文明交融的见证。

元大都按照汉族"筑城以卫君,造郭以守民"的理念建造。"回字形"城郭是典型的农耕文明中象征皇权的设计风格,元大都建有三重城垣,是按照《周礼·考工记》中的记载并利用原有的条件和地理特点规划的。它以外城、皇城、宫城的南门为中轴线,形成了"坐南朝北"的布局。所有城墙均采用泥土夯筑。上述种种,均是汉族文化特色的呈现。但是,草原文化的影响在元大都也随处可见。元大都城门的建筑形制带有明显的哈剌和林城门形制的痕迹,如:肃清门的遗址显示,其地基夯筑非常坚固,有大量木炭层和烧土堆积,由此可以推断该城门在修建的时候可能为"过梁式"木构门洞。[1] 其对砖石混筑材料的使用,也与哈剌和林的城门如出一辙。大都规整有序的城市格局中也保留了不少草原文明的特征。如大都皇城是以太液池为中心,由宫城、隆福宫和兴圣宫三大雄伟的建筑组成,构成以太液池为城市和宫廷的中心,宫殿环湖而建,苑主宫客的格局。其以太液池水面为中心来确定

---

[1] 徐苹芳:《元大都的勘查和发掘》,《中国城市考古学论集》,上海古籍出版社2015年版。

元大都的文化特色

城市布局的方式，折射了蒙古族"逐水而居"的习俗。与此恰好相反，汉族宫苑的宫殿与苑囿在空间上是严格划分的，城市总体布局讲求"礼""乐"对应，处处呈现阴阳互补的宇宙图示。

元大都建设者的构成也反映了蒙、汉及其他民族融合的特点。元大都的设计者为汉族人刘秉忠，而具体负责领导修建工程的包括汉、蒙、女真、色目等族官员，参与建设这座都城城池、河渠、街道、里巷者，则包括了各民族、各地域的普通民众，这也注定了元大都"混搭式"建筑风格的形成。

行走在元大都的宫殿内，回廊殿阁，雕栏画栋，汉族元素无所不在：无论是皇帝皇后的宝座、御榻、御道上，还是殿内外的楹柱、栏杆、门窗上，龙形装饰随处可见。但在充分吸收以《周礼·考工记》为主的中原汉族政权都城建设经验的同时，元大都的建设也融入了一些蒙古游牧文化的特征。这一特征在宫殿内反映尤为突出。大都的宫殿虽以汉族传统风格为主，但同时也体现出一些蒙古族和其他少数民族的特色。如：在广寒殿，"蟠龙矫蹇于丹楹之上"，龙形与马形纹饰同时出现，无疑是中原农耕文化与草原游牧文化

第三章 "天堑变通途"：元大都与中华多元一体文化的发展

彼此交融的结果。又如：宫殿一方面大量使用汉地传统的木结构和门阙角隅之制、雕梁画栋之艺，另一方面又在后宫的布局上保留了一些纯蒙古式的帐幕建筑，并建有多处鹿顶殿、圆顶殿、畏兀儿殿等其他民族的宫殿建筑。而在鹿顶殿的墙上，元世祖则令人悬挂了壁画《蚕麦图》，以时观之，以知农事。当然，宫殿内还有很多游牧特色的设计：宫殿的围墙外部，要用菱形、三角形纹、哈那纹（蒙古包支架图）饰的毛毡（"希日德格"）包裹起来，在宫殿内部，普遍设有壁衣和地毯。大都宫廷内不仅有游牧民族住居风格的蒙古包，还有专门供皇家使用的猎场。此外，宫殿之内铺设了大量兽皮、毡毯，入门的地方还摆放着木质银里的漆瓮，高1.7丈，可以存酒50石。在宫殿四周种植了大片草地，丹墀之前，特意栽种了一种从漠北草原引种过来的"誓（思）俭草"。"各城墙之内都种着许多美丽的树木，还有草场，饲养着各种动物，如大鹿、麝、小鹿、黄鹿和这一类的其他野兽。每道墙之间，如没有建筑物，也按这种规划布置。这里青草茂盛。草场上的每条小径都有砖石铺面，比草场地面高出三英尺，使得污泥雨水不至于积成水坑，而只是向

元大都的文化特色

两旁流,用来滋润草木。"[1]此种场景,与我们今天所熟悉的明清故宫有很大的差别。直至1353年,大都城中仍有专供忽必烈使用的"毡帐",即大蒙古包。此外,元世祖还会命人临时在宫殿外搭建毡帐,凡帝后有危疾不可愈及后妃妊娠将及月辰时,皆移居于毡帐,事毕再将帐房赐予近臣。所有这些,无不展示着居住在这座汉式宫殿中的主人游牧民族的身份。在大都南郊,还有一座名为"飞放泊"的皇家苑囿,"广四十顷",专供"冬、春之交,天子亲幸近郊,纵鹰隼搏击,以为游娱之度"[2],俨然蒙古皇帝重温草原游牧生活的场所。无怪乎有学者指出,元大都"充其量不过是个半中国式的城市"。[3]

此外,大都的语言也融入了蒙古语言的元素。如"胡同"一词即来自蒙古语,原意是"水井"的意思。蒙古语融入北京方言、土语的情况就更加普遍了,像乌突、骨立、褡裢等等,直到今天仍出现在很多北京

---

[1] 〔意〕马可·波罗:《马可·波罗游记》,梁生智译,第109页。
[2] 赵兴华:《北京园林史话》,中国林业出版社2000年版,第61页。
[3] 〔美〕施坚雅:《中华帝国晚期的城市》,叶光庭等译,中华书局2000年版,第11页。

第三章 "天堑变通途":元大都与中华多元一体文化的发展

人的日常交流中。

(二)宗教:儒、释、道兼容并蓄

如前所述,有元一代,奉儒学为宗,历代帝王都崇奉儒教。但这并不意味着唯儒教为尚,实际上,元代统治者不仅对佛、道亦有所采,甚至颇为重视。

元朝是中国封建历史上唯一明确提出宗教自由的王朝。早在成吉思汗时期就提出"教诸色人户各依本俗行事"[1]的自由信教政策,而成吉思汗及之后的元代统治者,基本上都遵从这一原则,对各种宗教一视同仁,不分彼此。元朝统治者对由于蒙古、藏族等民族的进入被带到中原的萨满教、景教、藏传佛教,中原原有的佛教与道教等,采取了兼容并蓄的政策。王恽在《立袭封衍圣公事状》中提及"我国家……三教九流,莫不崇奉"[2],即反映了这一状况。同时朝廷还设立了宗教管理机构如集贤院、宣政院等,任命宗教领袖。元大都有很多不同宗教的建筑,例如汉地佛教的

---

[1] 《新集至治条例》,《回回诸色户结绝不得的有司归断》,元刻本。
[2] 〔元〕王恽:《立袭封衍圣公事状》,《秋涧集》卷八五,四部丛刊景明弘治本。

寺庙、藏传佛教的白塔、道教的道观、伊斯兰教的清真寺、基督教的教堂等。

儒教在大都的发展前已述及。有一个很有代表性的例子反映了南北统一为大都儒教发展所带来的新的空间：在宋金对峙时期，尽管南宋极为推崇理学，社会上理学研究之风盛行，但在金朝统治范围包括中都城内，理学几乎无人问津；到了元代，理学在大都则一跃成为显学，理学家许衡、刘因、吴澄被称为元代三大"学者"，前二者还被誉为"元之所以藉以立国者也"。[1]

《大元国大都创建天庆寺碑铭》则显示了大都佛教的繁盛气象，铭曰："我国家鼎定全燕，教隆内典，故精蓝胜刹，庄严宝界，金碧相望，有佛国大乘气象。"[2] 蒙古人起于朔方，与其他少数民族一样信仰萨满教，而佛教神秘主义的色彩与萨满教颇为契合，因此，蒙古人进入北京地区后，迅速接受了佛教，"以儒治国，以佛治心"。元朝统治者也笃信佛教，尤尚帝师。其

---

[1] 白寿彝总主编：《中国通史》第八卷，上海人民出版社1997年版，第586页。
[2] 李修生：《全元文》卷一九〇，王恽二四，第492页。

第三章 "天堑变通途":元大都与中华多元一体文化的发展

在设官分职,治理地方过程中僧俗并用,而统之于帝师:"乃立宣政院,其为使位居第二者,必以僧为之,出帝师所辟举,而总其政于内外者,帅臣以下,亦必僧俗并用,而军民通摄。于是帝师之命,与诏敕并行于西土。"不惟如此,朝廷诸务,帝师亦有举足轻重的地位:"百年之间,朝廷所以敬礼而尊信之者,无所不用其至。虽帝后妃主,皆因受戒而为之膜拜。正衙朝会,百官班列,而帝师亦或专席于坐隅。且每帝即位之始,降诏褒护,必敕章佩监络珠为字以赐,盖其重之如此。其未至而迎之,则中书大臣驰驿累百骑以往,所过供亿送迎。比至京师,则敕大府假法驾半仗,以为前导,诏省、台、院官以及百司庶府,并服银鼠质孙。"对于佛事,也极尽隆崇,"用每岁二月八日迎佛,威仪往迓,且命礼部尚书、郎中专督迎接。及其卒而归葬舍利,又命百官出郭祭饯"。[1] 袁桷的《元日朝回》描述了元日大朝会的壮观景象,佛教的"法曲",加上"千官山立"的场景,增添了皇家朝会的喜庆热闹:[2]

---

[1] 〔明〕宋濂:《元史》卷二〇二,第八九,第 4521 页。
[2] 〔元〕袁桷:《清容居士集》卷一一,四部丛刊景元本。

元大都的文化特色

积素棱层厚乾坤，天鸡三唱日初暾。
千官山立归文石，六卫嵩呼彻禁门。
花帽舞风喧法曲，椒觞承露湛皇恩。
新年欲奉瑶池对，愿借扶摇与化鲲。

藏传佛教萨迦派的领袖八思巴为元世祖帝师时期，佛教之尊远迈前代。约翰柯拉记载："契丹国亦有总主教，如吾国之有教皇也。彼人称之为大脱鲁修斯（Grand Trutius），亦臣属大可汗，尊大可汗为君长。然大可汗礼遇崇隆，班在他人之上。皇帝出，则与帝并肩而坐。有所需求，皇帝无不应准。大脱鲁新（Grand Trucins，此字与大脱鲁修斯为同一字，惟拼写略异）常削顶剃须，戴红冠，衣红袍，统领全国僧尼为其教宗师。有不守教规，不遵号令者，大脱鲁新可改正之。大可汗不干涉其权。僧侣之中，亦有牧师、主教、方丈等名目，皆隶大脱鲁新。"[1]

八思巴病，适值刘秉忠荐阴阳家田忠良见世祖，世祖为了解其才能，乃问曰："朕有事萦心，汝试占之。"

---

[1] 张星烺：《中西交通史料汇编》第一册，第272页。

第三章 "天堑变通途":元大都与中华多元一体文化的发展

忠良对曰:"以臣术推之,当是一名僧病耳。"帝曰:"然,国师也。"[1]八思巴卒,元世祖赐号"皇天之下一人之上、开教宣文辅治大圣、至德普觉真智祐国如意大宝法王西天佛子大元帝师"。[2]可见八思巴在元世祖心目中所占的位置。

佛教地位之崇在大都兴修过程中也有突出的体现。史载:"国朝重修大庆寿寺,起于至元十二年丁亥,至十九年壬午工毕。翰林学士承旨徐琰撰碑有曰:海云、可庵皆葬寺之西南隅,至元四年新作大都,二师之塔,适当城基,势必迁徙以遂其直,有旨勿迁,俾曲其城以避之。又曰:京师佛寺自来甲天下,庆寿重修之后,完整雄壮,又为京师之冠。"[3]

在北京砖塔胡同有一座寺庙名为白塔寺,其名称来源于寺中的白塔。这座白塔是现存最重要的元大都文化古迹,也是我国现存最早、最大的藏传佛塔。据《元

---

[1] 〔明〕宋濂:《元史》卷二〇三,列传第九,第4536页。
[2] 〔元〕陶宗仪:《南村辍耕录》,武克忠、尹贵友校点,齐鲁书社2007年版,第168页。
[3] 永乐大典本《顺天府志》卷七引《元一统志》,转引自徐萍芳编著:《辽金蒙古时期燕京史料编年·元大都创建史料编年》,北京联合出版公司2018年版,第177页。

史地名考》记载:"(元世祖)二十八年建白塔二,各高一丈二尺,以居呪师朵四的性吉等七人,以周伯琦扈从北行前记校之。白塔儿一站在颉家营之北而沙岭之南,五行志至正二十八年六月,大都大圣寿万寿寺灾,其殿脊东鳌鱼口火焰出,佛身上亦火起。帝闻之泣下。此寺旧名白塔,自世祖以来为百官习仪之所,殿陛栏楯一如内廷之制。"[1] 可见白塔在其时的地位,这也从另一个侧面反映了元帝对于佛教的重视。

在元大都,佛教祭祀活动十分活跃,佛教节日逐渐定型,佛教观念也渐渐影响到人们的生活习俗。伊本·白图泰游记中记录了这样一件事:"及死,亲戚朋友,为制糊纸之尸架,盛饰金银,置尸其上。尸旁,置没药及香。次将尸架置车上。死者亲友挽车至特别预定地点,将尸及车架一切等物,举火焚之。盖以为火者,能炼黄金。举火焚尸,则尸体秽恶,亦可洗净,俾以后可以清洁之身,再投生于世。尸体既焚,亲属归家。制死者之像而供之。像藏专室,每年逢死者生日,则于像前焚伽罗木香及他种芳馥之香,以志不忘。"[2]

---

[1] 〔清〕李文田:《元史地名考》,清光绪二十四年胡玉缙抄本。
[2] 张星烺:《中西交通史料汇编》第一册,第276页。

第三章 "天堑变通途":元大都与中华多元一体文化的发展

这种火化尸体的做法,应该是受佛教的影响。

佛教之外,元统治者对道教也非常重视。成吉思汗曾聘请道教全真教掌门丘处机为国师,令其掌管天下道教。其致聘手诏云:"天厌中原,骄华太极之性。朕居北野,嗜欲莫生之情。……七载之中成大业,六合之内为一统。非朕之行有德,盖金之政无恒。是以受天之祐,获承至尊。南连赵宋,北接回纥,东夏西夷,悉称臣佐。念我单于国千载百世以来未之有也。……"希望丘处机助其治国大业。而丘处机进表陈情中则回道:"……前者南京及宋国屡召不从,今者龙庭一呼即至,何也?伏闻皇帝天赐勇智,今古绝伦,道协威灵,华夷率服。……"[1] 看得出双方颇有惺惺相惜之意。

在大都,佛、道势力极为强大,这从遍布各处的寺庙道观及其僧道人口的数量可见一斑。《元史》载,至元二十八年(1291),"天下寺宇四万二千三百一十八区,僧尼二十一万三千一百八十四人",[2] 而大都僧道人口尤多。据学者保守估计,当时仅京郊州县僧道人

---

[1] 〔元〕陶宗仪:《南村辍耕录》,武克忠、尹贵友校点,第132—133页。
[2] 〔明〕宋濂:《元史》卷一六,本纪第一六,第354页。

元大都的文化特色

口即在6000人以上，[1]大都城内的僧道人口应该大大高于这个数字。

元大都俗称"哪吒城"。这一名称的由来很可能与佛、道相关。据一些元代笔记诗文的说法，十一座门象征哪吒三头六臂两足。哪吒故事本从印度传来，哪吒后被佛教和道教均当成保护神，而刘秉忠又熟习佛、道，所以有人认为"哪吒城"是佛道文化的反映。还有学者认为，"哪吒城"乃是受藏族文化影响的结果，因为十一城门制的大都城，乃头南脚北、三头六臂的元朝护国神玛哈噶拉的形象，寓意是请他护佑皇宫和京城的安宁。而元代汉人把它说成是"哪吒城"，乃是藏族文化初到大都与汉文化碰撞而形成的误会。[2]

随着佛、道势力日隆，元代至大年间，释、老甚至不再受官府管理。其时，李孟奏称："僧、道士既为出世法，何用官府绳治！"[3]遂罢僧道官。

---

[1] 韩光辉：《北京城市史：历史人口地理》，北京出版社2016年版，第78页。

[2] 张双智：《试从藏族文化视角解读元大都十一城门之谜》，《中国藏学》2010年第4期。

[3] 〔明〕宋濂：《元史》卷一七五，列传第六一，第4087页。

第三章 "天堑变通途":元大都与中华多元一体文化的发展

(三)文学:俗文学兴起

元代南北文化的大融合,自然也对文学产生了巨大影响,导致了古代文学形式的重大变革,而大变革的成果主要体现在俗文学形式。这是因为,蒙古统治阶层刚脱离部族政体,第一次建立中央集权国家,拥有文字的时间还很短,没有雅文学传统,拥有的多是以说唱文学为主体的俗文学,不易领会雅文学的精妙,更容易接受的是跟说唱文学紧密相连的宋金俗文学形式如杂剧(剧曲)和散曲,也就是今天所说的元曲。[1]另一方面,元代统治者重武轻文,轻视儒学,初期甚至将汉族士人从"四民之首"降为介于"娼之下,丐之上"的第九等:

> 我大元制典,人有十等,一官二吏,先之者,贵之也,贵之者谓有益于国也。七匠八娼九儒十丐,后之者,贱之也,贱之者谓无益于国也。嗟乎!

---

[1] 清军入关后,满汉文化融合催生的优秀文学作品也主要表现为俗文学形式,比如小说(《红楼梦》《儿女英雄传》)和子弟书之类,与此种现象非常类似。

卑哉！介乎娼之下，丐之上者，今之儒也。[1]

更重要的是，元代废除了隋唐以来沿用已久的科举制度，直至延祐元年（1314）才恢复，导致其间有六七十年，广大士人特别是北方士人借由科举制入仕之途几乎被堵死，即使有少部分步入官场，也多是从充任下层偏鄙之职而逐渐升迁而来。多数士人穷苦不堪，"小夫贱隶，亦皆以儒为嗤诋"[2]。元杂剧就有许多儒士贫寒的具体描写，比如："普天下习儒士学业的，七品八品指望功名遂，千人万人都想诗书济，十番九番不得文章力。从盘古王没一个富书生，知他孔夫子有多少穷徒弟！"（郑廷玉：《金凤钗》）此种生存困境，迫使士人为求糊口，转而从事适合市民口味的通俗文学创作，遂导致了元杂剧的蓬勃兴起，改变了中国文学的发展轨迹。

元曲由两个部分组成，一部分是散曲，一部分是杂剧。散曲较短，当时被视为唐诗宋词之外的另一种

---

[1] 〔宋〕谢枋得：《送方伯载归三山序》，《叠山集》卷六，载《四部丛刊续编集部（七〇）》，上海书店1985年版（据商务印书馆1934年版重印）。

[2] 余阙：《青阳先生集·贡泰父文集序》。

第三章 "天堑变通途":元大都与中华多元一体文化的发展

新的诗歌体裁,创作者既有底层士人,也有中高级文人官僚。像元代的开国名臣、元大都的营建者刘秉忠,也写散曲,以《南吕·干荷叶》最为著名:"干荷叶,色苍苍,老柄风摇荡。减了清香,越添黄。都因昨夜一场霜,寂寞在秋江上。"杂剧因直接面对民间和市场,主要创作者为底层士人,而且因为散曲是杂剧的基本部件,所以,多数杂剧作家也是重要散曲作者,故后世论元曲,两者往往并论,且偏重杂剧。1912年,王国维出版《宋元戏曲考》,认为:"凡一代有一代之文学:楚之骚、汉之赋、六代之骈语、唐之诗、宋之词、元之曲,皆所谓一代之文学,而后世莫能继焉者也。独元人之曲,为时既近,托体稍卑,故两朝史志与《四库》集部,均不著于录;后世儒硕,皆鄙弃不复道",高度肯定了元曲在古代文学中的地位。此观点最初提出时,异议者甚众,但随着时间流逝,今日已被学界所公认。

元杂剧并非突如其来,而是渊源有自,实际上是吸收了金院本及宋杂剧养分之结果。特别是早期元杂剧,因在北方兴起并传播,故先在金院本的基础上发展而来,宋杂剧的影响稍弱。而元杂剧酝酿及兴起的最重要地区,正是元大都。元人钟嗣成著有《录鬼簿》,

元大都的文化特色

记录了自金代末年到元朝中期的杂剧、散曲艺人等80余人。王国维据此考证了其中的元杂剧作家,指出其中近半数在大都生活和创作。后人熟悉的"元曲四大家"中的三个——关汉卿、王实朴、马致远——都是大都人。其他如王仲文、杨显之、张国宾、石子章、李子中等,也都是以大都为活动中心的杂剧作家或者杂剧艺术表演家。虽然元灭宋以后,关汉卿和马致远均前往杭州生活,但他们的创作和生活的主要时段都在大都,他们也是地地道道的大都人,也就是说,脱离元大都这一文学活动场域,我们是无法理解元杂剧的来龙去脉的。当时大都剧目风靡全国,今存元代刊本《古今杂剧》三十种中,有的剧作尚留存有"大都新编"字样。

当时大都的砖塔胡同为"勾栏"和"瓦舍"群集之地,是戏曲演出的中心。每逢节庆,商业和演剧活动极为繁盛。据元人熊梦祥记载:"(二月)八日,平则门外三里许,即西镇国寺,寺之两廊买卖富甚太平,皆南北川广精粗之货,最为饶盛。于内商贾开张如锦,咸于是日。南北二城,行院、社直、杂戏毕集,恭迎帝坐金牌与寺之大佛游于城外,极甚华丽。多是江南

第三章 "天堑变通途":元大都与中华多元一体文化的发展

富商,海内珍奇,无不凑集,此亦年例故事。"[1] 元人夏庭芝所撰的《青楼集》也记载:"内而京师,外而郡邑,皆有所谓勾栏者,辟优萃而隶乐。观者挥金与之。"又记载大都演剧风气之盛:

> 姓王氏。京师角妓也。歌舞绝伦,聪慧无比。一日,丁指挥会才人刘士昌、程继善等于江乡园小饮。王氏佐樽。时有小姬歌《菊花会》南吕曲云"红叶落火龙褪甲,青松枯怪蟒张牙"。丁曰:"此《沉醉东风》首句也。王氏可足成之。"王应声曰:"红叶落火龙褪甲,青松枯怪蟒张牙,可咏题,堪描画。喜觥筹,席上交杂。答剌苏,频斟入,礼厮麻,不醉呵休扶上马。"一座叹赏,由是声价愈重焉。[2]

不但平民和官僚爱好观剧,蒙古皇族也非常热衷。据《元史·世祖本纪》记载,忽必烈曾专门"徙江南乐

---

[1] 〔元〕熊梦祥:《析津志辑佚》,北京古籍出版社1983年版,第214页。
[2] 〔元〕夏庭芝:《青楼集》,《中国古典戏曲论著集成(二)》,中国戏剧出版社1959年版,第38页。

元大都的文化特色

工八百家于京师",以供统治者的国事活动和饮宴享乐之用,其专门的宫廷音乐、戏剧演出机构,名为"教坊司",设立于元世祖中统元年(1260)十二月。《元史·百官一》也记载:"教坊司,秩从五品。掌承应乐人及管领兴和等署五百户。中统二年始置。至元十二年,升正五品。十七年,改提点教坊司,隶宣徽院,秩正四品。二十五年,隶礼部。大德八年,升正三品。延祐七年,复正四品。"[1]元人胡祗遹在七绝《太平板鼓》中这样描写宫廷的杂剧表演场面:"乐音先自得佳名,万寿筵前乐太平。更倩东风扶醉袖,一时繁剧弄新声。"

如《录鬼簿》所述,许多士人失去了仕进机会后,"门第卑微,职位不振",混迹于勾栏瓦肆之间,"沉郁下僚,志不获展","以其有用之才",编撰杂剧,"一寓之乎声歌之末,以舒其怫郁感慨之怀,盖所谓不得其平而鸣焉者也"。同时他们因为脱离了儒学,内心也获得了一定"解放",转而受游牧文化的影响,豪迈奔放,不受约束。被公认为"元杂剧冠冕"的关汉卿就在散曲《南吕·一枝花·不伏老》中称:"我是个普

---

[1] 〔明〕宋濂等:《元史》(第七册),中华书局1976年版,第2139页。

第三章 "天堑变通途"：元大都与中华多元一体文化的发展

天下郎君领袖，盖世界浪子班头"，"我是个蒸不烂、煮不熟、捶不匾、炒不爆，响当当一粒铜豌豆，恁子弟每谁教你钻入他锄不断、斫不下、解不开、顿不脱、慢腾腾千层锦套头。我玩的是梁园月，饮的是东京酒，赏的是洛阳花，攀的是章台柳"，"你便是落了我牙，歪了我嘴，瘸了我腿，折了我手，天赐与我这几般儿歹症候，尚兀自不肯休"，其放浪形骸，堪称大都底层士人之代表。

学者多指出，元明人喜用"蒜酪味"和"蛤蜊味"比喻元曲风格。元人钟嗣成在《录鬼簿·序》中就说："今因暇日，缅怀古人，门第卑微，职位不振，高才博艺，俱有可录……若夫高尚之士，性理之学，余有得罪于圣门者。吾党且啖蛤蜊，别与知味者道。"所谓"蒜酪"，这里指的是大蒜和乳酪，是当时北方人民特别是少数民族常用的食品。大蒜的味道是辛辣的，乳酪的味道是浓醇的，两者在此被用来比喻杂剧具有一种泼辣而又醇厚的文学风格，迥异于追求温柔敦厚的汉族文化。[1] 不过，因元杂剧作者大多数是汉族士人，

---

[1] 罗斯宁：《元杂剧和元代民俗文化》，广东高等教育出版社2011年版，第77—78页。

元大都的文化特色

抒情、自由、奔放、粗犷、多元的草原文化固然对其产生了强大的吸引力,但根植于他们内心的汉族文化传统也同样影响巨大,其结果是其创作体现出多元文化的冲撞与融合。比如大都剧作家马致远的《汉宫秋》的名曲:

> 【梅花酒】呀!俺向这迥野悲凉,草已添黄,兔早迎霜。犬褪得毛苍,人掤起缨枪,马负着行装,车运着糇粮,打猎起围场。他、他、他伤心辞汉主,我、我、我携手上河梁。他部从入穷荒,我銮舆返咸阳。返咸阳,过宫墙;过宫墙,绕回廊;绕回廊,近椒房;近椒房,月昏黄;月昏黄,夜生凉;夜生凉,泣寒螀;泣寒螀,绿纱窗;绿纱窗,不思量……

极力铺陈渲染汉元帝送别昭君出塞之哀愁,既保留了汉语诗歌文辞绮丽的特点,又注入了北方民族萧瑟辽阔的氛围,成为了南北文风交融的范例,故王国维至为赞赏,举为"写景之工者"、"有意境"之典范。

在这样一种时代氛围以及士风丕变中,元大都杂

第三章 "天堑变通途"：元大都与中华多元一体文化的发展

剧家们创作出了大量优秀杂剧作品，其中许多堪称经典，比如关汉卿的《窦娥冤》《救风尘》《望江亭》《单刀会》，王实甫的《西厢记》《破窑记》，马致远的《汉宫秋》，纪君祥的《赵氏孤儿》等，都在中国文学史乃至世界戏剧史上留下了光辉篇章。有学者评述："大都杂剧在艺术上达到了很高的水平，刻画出了在中国文学长廊中不朽的艺术形象，有的行侠仗义、机智勇敢；有的逆来顺受、委曲求全；有的深明大义、浩气凛然。红娘、崔莺莺、窦娥、赵盼儿、关云长、李逵一个个人物呼之欲出，栩栩如生，个性鲜明。元代剧作家在书写人物命运，赋予他们鲜活的生命方面，达到了前所未有的艺术水准。这就是元代杂剧鼎盛时期的基本状况。"[1] 这个判断是符合事实的。

至于属于雅文学的诗歌和散文，因为科举制的废除，与其联系紧密的诗文词赋不再具有获取功名利禄的功用，遂走向衰弱，从唐代到清代的一千三百多年中，元代的诗歌与散文水平公认较弱，成就不大。尽管如此，元大都毕竟是两都之一，位处南北交会之

---

[1] 傅秋爽：《北京元代文学》，知识产权出版社2012年版，第23页。

地，元代后期又恢复了科举制，所以还是取得了一定成就。当时的主要诗人集中于两个地区，一个是江南，也就是原南宋首都杭州一带，另一个则是元大都。特别是元灭宋，实现"大一统"以后，大批士人因各种原因北上，或任职，或谋生，或游学，纷纷聚集于大都，两方通过交流融汇，相互影响，促进了大都文坛的繁荣。

至元二十九年（1292）三月，御史大夫月儿鲁等上奏："比监察御史商琥举昔任词垣风宪，时望所属而在外者，如胡祇遹、姚燧、王恽、雷膺、陈天祥、杨恭懿、高道、程文海、陈俨、赵居信十人，宜召置翰林，备顾问。"[1]此议获批，胡祇遹、姚燧、王恽等十人被召入京为翰林，遂活跃于大都文坛，带动了一时的文学创作风气。

当时，一些环境幽雅、住持文化素养较高的寺庙道观成为文人会聚的场所，他们在此消闲，互相唱和，其中著名的雅集有"雪堂雅集"，由至元年间僧人雪堂在自己的禅房天庆寺举办。雪堂并非普通僧人，乃是

---

[1]〔明〕宋濂等：《元史》卷九，本纪第一七，第361页。

第三章 "天堑变通途":元大都与中华多元一体文化的发展

元世祖忽必烈的皇室贵宾,有皇室背景,参与人员或是朝中重臣,或是当时名士(如赵孟頫)。至元年间,雪堂在天庆寺举行了多次雅集,其中重要的一次是包括商挺、王盘、徐世隆、李谦、王恽等19人在内的"即寺雅集"。雅集结束后,雪堂将19人诗像并刻为"雅集图"以留存。元中期还有鲁国大长公主组织的宴集。鲁国大长公主是元朝皇室中最为重要的文艺赞助人。至治三年(1323)春,她在天庆寺组织了一次全国性文艺大会,在宴集的过程中拿出书画若干卷,让与会文人儒士各随其能题识于后。留下书跋的诗人有魏必复、李洞、张硅、赵岩、杜禧、赵世延、王毅、冯子振等14人。[1]

纵观大都文坛,比较重要的诗人有初期的耶律楚材、刘秉忠、刘因、胡祗遹等,中期的虞集、杨载、揭傒斯、范梈等,以及后期的朱德润、苏天爵、张翥等。跟杂剧作家不同,许多诗人并非大都本地人,而是到此任职的中高级官员,所以他们的文学创作中,大都的气息往往不那么浓。

---

[1] 王进:《元代后期文人雅集的书画活动研究》,中国艺术研究院2010年博士论文,第12—14页。

(四)文字:蒙古文、汉文和波斯文通用

为适应民族大融合的背景,元代统治者规定朝廷的重要文件要使用蒙古文、汉文和亦思替非文字(即波斯文)记录。

波斯文为蒙古官话。西域的少数民族信奉西方传入的伊斯兰教,伴随着西域人大量流入元大都和中原地区,出现"元代回回遍天下"的现象。因伊斯兰教的许多重要经典仍然是使用亦思替非文字所写,众多百姓无法阅读,元代统治者在国子学之外,开设"回回国子学",专门教授这种文字,并且规定亦思替非文字为官方通用文字,在各级朝廷机构专门设置从事翻译的官员。

元世祖鉴于"考诸辽、金以及遐方诸国,例各有字。今文治寖兴而字书有阙,其于一代制度,实为未备",特命国师八思巴设计一套新的蒙古文字,"译写一切文字",以期"顺言达事"。并谕令"自今以后,凡有玺书颁降,并用蒙古新字,仍以其国字副之。所有公

第三章 "天堑变通途"：元大都与中华多元一体文化的发展

式文书，咸遵其旧"。[1] 于是八思巴利用梵文的方法创作蒙古文字，并设置蒙古国子学以教授新文字，这种文字后被称为"八思巴文"。

元代的中央教育机构设有国子学、蒙古国子学与回回国子学三种。最初的国子学为元太宗在燕京所设，教授蒙古贵族子弟汉语，《析津志辑佚》记载，太宗诏书规定，在国子学内只许用汉语交流，被发现使用蒙古语，"一番打一简子者，第二番打两简子者，第三番打三简子者"。此后元世祖在大都城新创建的国子学，除教授汉语外，开始讲授儒家的简单礼仪。

（五）习俗

元代定都大都后，岁时节令活动大部分遵循汉民族传统习俗，大都亦然。

饮食方面，江南地区的饮食颇受欢迎，"京城食物之丰，北腊西酿，东腥南鲜，凡绝域异味，求无不获"。[2]

服饰方面，居住在大都的蒙古人服饰与汉族及其

---

[1] 李修生：《全元文》卷一〇〇，元世祖九，第312页。
[2] 许有壬：《许有壬集》，傅瑛、雷近芳校点，中州古籍出版社1998年版。

他少数民族日益融合。除蒙古服饰与汉人服饰外,流行的服装也有藏族服饰与高丽宫装。

婚姻方面,元世祖忽必烈规定各族婚姻"各从本俗法",即尊重各民族的婚姻习俗。虽然各从其俗,但彼此之间不可能不发生影响。比较明显的是汉族中有人效法蒙古人多妻制,"有妻更娶妻"。蒙古人受到汉族婚姻礼俗的影响,也有不再依从本俗的,而元代官方也未予干涉。

丧葬方式和祭奠方面,一部分少数民族受儒家节、孝思想影响,坚持"守制"。宫廷丧葬虽然仍大体依照蒙古族传统习俗,实行土葬,但是祭祀活动多受汉民族葬俗的影响。

第四章 "万里如邻家":元大都的中西文化交流

如前所述,一方面,蒙古势力的蔓延大大改变了之前的欧亚地图。除了传统上与中国关系密切的东亚和南亚国家外,中亚很多国家包括俄罗斯"借由受到蒙古的支配,被编入了世界帝国蒙古的经济、文化、流通体系中"[1]。这为元朝特别是大都与域外国家的交往打开了新的巨大的空间。另一方面,元朝不仅在疆域上远迈前代,其交通网络的发达也前所未有。从陆路看,"元有天下,薄海内外,人迹所及,皆置驿传,使驿往来,如行国中"[2]。从水路看,造船和航海技术

---

[1] 〔日〕杉山正明:《忽必烈的挑战:蒙古帝国与世界历史的大转向》,周俊宇译,第38页。

[2] 〔明〕宋濂等:《元史》卷六三,志第一五,第1563页。

元大都的文化特色

的进步,特别是指南针的广泛使用,大大推动了元朝海运的发展及其连接范围的扩大,从元朝驶出的堪称当时世界上最大、最先进的船舶频频往来于通往东南亚、印度、阿拉伯乃至东非之间的海运航线上。在此背景下,陆上丝绸之路和海上丝绸之路均得以复兴并盛极一时,使得中外人员和物资的往来较之前任何历史时期都更为便捷。来自域外的使者、游客、传教士等,或经由陆路或选择水路,络绎不绝来到大都:马可·波罗、马黎诺里等选择了陆路,而鄂多立克、蒙高维诺选择了海路,还有一些人溯运河而上,到达大都。大都俨然成为欧亚世界的中心:

> 所有一切建设的枢纽,就是作为巨大帝都,兼具水陆机能的大都。如同已经叙述的,如果说"首都圈"群及大大小小的忽必烈一族"王国"是忽必烈政权的骨干,那么大都就正像是心脏一般。
>
> 陆与海两方面所造成的欧亚人流与物流,从一开始就被计划要汇集到大都来。大都是忽必烈与其策士们所主导促成的超大型循环的起始基

第四章 "万里如邻家":元大都的中西文化交流

地。相对于过去作为蒙古首都的哈拉和林是中央欧亚的阶段性世界之都,大都则是以包覆欧亚世界的全体中心来被创造的。[1]

此种场景,不禁让人想起《看不见的城市》中描述的斯麦拉尔迪那:"(它)是由一个运河网和一个道路网交织而成的。从一个地点到任何一个地点,你可以选择陆路,也可以选择水路:在爱丝美拉尔达,两点之间的最短的并不是直线而是有多处随意分支的曲线,因此可供行人选择的路线不止两条,假如你喜欢交替使用陆路和水路,你的选择就更多。"[2]一个交通发达的开放的城市为人们的生活提供了丰富的体验,也为城市文化的酝酿、构建和呈现提供了无限的可能。

---

[1] 〔日〕杉山正明:《忽必烈的挑战:蒙古帝国与世界历史的大转向》,周俊宇译,第158—160页。
[2] 〔意〕伊塔洛·卡尔维诺:《看不见的城市》,张密译,译林出版社2012年版,第89页。

元大都的文化特色

第一节 "汗八里"与东西方文化交流新时代的开启

"汗八里"一词源于突厥人,是元代中亚细亚人对元大都的称呼。这一名称曾被当时包括畏兀儿在内的突厥语和伊朗语各分支语言人群所广泛使用,进而因出现在马可·波罗的游记中而在西方广为人知。因此从某种意义上来说,"汗八里"这一名称本身就是元代东西文化交流的一个鲜明符号和有力见证。

国力的强盛,幅员的广阔,交通的发达,加之统治者"四海为家""通问结好"的外交方针和对各种宗教、文化兼容并蓄的政策,使元朝成为中国历史上文化交流的极盛时期。这一时期,除与和中国历来联系紧密的东亚、东南亚及南亚诸国交流有所拓展外,元朝与欧洲的对话与交流也进入了一个全新的阶段。欧阳哲生先生把这种"新"概括为三层含义:"一是从元朝开始,中欧文化交流地点发生了转移,欧洲与中国文化交流的重心由长安转向元大都——'汗八里'。

第四章 "万里如邻家":元大都的中西文化交流

二是从元朝开始,欧洲与中国的交往正式见诸各种西人游记、书信记载,例如,《马可波罗行纪》《鄂多立克东游录》《马黎诺里游记》等即是当时意大利商人、遣使游历中国的代表性作品,它们见证了欧洲与中国交往的历史,也是最早报道北京的西方游记作品。三是从元朝开始,罗马教廷派遣孟高维诺等方济各会士赴元大都,在这里设立教堂,发展信徒,从此罗马天主教传入中国内地,中西宗教交流进入一个新的阶段。"[1] 亚、欧、非各国的商人、传教士、使节等络绎不绝来到中国,会集大都,"汗八里"——这个在西方如神话般的存在——成为当时最受欢迎的世界性的文化交流中心。

可以说,元大都的建立,促成了暌隔千年、彼此只能远远观望而无法真正交流的东西方文化真正的接触和对话,尽管当时双方对彼此的认识还经常建立在一种神秘的甚至令人匪夷所思的描述基础之上。

在古代,东西方主要是一个"地理+文明圈"的概念,如西方文明主要指古代希腊、古代罗马所涵盖

---

[1] 欧阳哲生:《古代北京与西方文明》,北京大学出版社2018年版,第56页。

元大都的文化特色

的区域，东方文明则包括近东、中东、远东的四大文明古国埃及、巴比伦、印度和中国。与之相对应的文明圈，则有地中海文明圈、中东文明圈、印度文明圈和中国文明圈等。这些不同文明圈的国家之间或多或少有所往来，如汉代张骞出使西域、唐代玄奘赴印度取经等，然而由于文明圈与文明圈之间的重重阻隔，这些往来往往面临着难以克服的困难和危险，所以无法持续地进行，与元帝国时期的东西交往远不可同日而语。"蒙古时代"出现之前，中国、印度、中东、地中海等"文明圈"虽有一定联系，但总体上尚处于各自独立的状态，直到"蒙古时代"的来临才真正打破了这种状态，欧亚世界被联为一体，"任何'文明圈'都不能再对其他'世界'或'文明'全然无知了。在此，'世界史'终于第一次具有了名副其实的整体面貌"[1]。

提到元帝国时期中西方文化交流的兴盛，人们自然会想到一个意大利人：马可·波罗。他是第一个将元朝的广大、大都的富庶、大可汗的神威等近乎神话的中国印象带回欧洲的人，也是他及他的游记在西方

---

[1] 〔日〕杉山正明：《忽必烈的挑战：蒙古帝国与世界历史的大转向》，周俊宇译，第5页。

第四章 "万里如邻家":元大都的中西文化交流

催化了人们对中国这个遥远国度的无穷想象和向往,进而掀起了去东方、去中国探险的狂潮,使大都迎来了络绎不绝的来自欧洲的旅行者。这些旅行者不再是为了外交目的而短暂停留的使节,而是雄心勃勃意欲在中国开辟神奇乃至神圣事业的商人和传教士们。

那么,为什么会是意大利"发现"中国?为什么会由一个意大利人电光火石般点亮了中西文化交流的新时代?意大利与中国之间是否存在一种冥冥之中的缘分?如果我们稍稍回溯一下两个国家的历史,也许可以为这种"缘分"找到一些证据或线索。

公元前8世纪,在意大利中部以帕拉丁为中心的七山地区出现了一座不起眼的小城市,这就是罗马城。谁也没有料到,这个小小的城市会迅速崛起,不仅很快改变了意大利的命运,而且进而改变了整个地中海世界的命运,她所创造的魅力,就是相隔万里的中国人也神往不已。同时,罗马的崛起,也为各国之间文化的传播做出了很大的贡献。我们熟悉的谚语"条条大路通罗马"便是罗马帝国促进域内外文化交流的生动写照。而到了13世纪,元朝的崛起无疑在某种程度上再现了罗马帝国曾经的辉煌,这种辉煌不仅是意

元大都的文化特色

大利的记忆,也是其基因中挥之不去的渴望。于是我们看到,马可·波罗在穿越漫长的元帝国领土后终于来到这个国家的首都"汗八里"的瞬间,就被它的繁华所深深震慑,他慨叹其"宫殿之大,前所未闻",各种建筑"巧夺天工,登峰造极",艺术作品"金碧辉煌,琳琅满目","凡世界上最为稀奇珍贵的东西,都能在这座城市找到","出售商品之多,是世界上任何城市所不能相比的"。正是怀着这样的感情,他没有像之前来过元帝国及元大都的其他西方人一样,回国之后对旅程三缄其口,而是将他的旅程津津有味地讲给别人听,且其中多有溢美之词,乃至夸张和虚构的成分。为了让更多人听到他的故事,他还专门找人将他的旅程及所见所闻详细地记录下来,出版了甫一问世即在西方世界引起极大震动的《马可·波罗游记》。除了马可·波罗,后来相继到过元大都("汗八里")并与元世祖建立了密切关系的不少人,如鄂多立克、马黎诺里等也都是从意大利万里迢迢而来。其实,早在马可·波罗之前,元朝就已经向遥远的罗马教廷派出使臣,由马可·波罗的父亲及叔父尼哥罗兄弟随从,与教皇互通信件,建立联系。可见,处于欧亚两端、相

第四章 "万里如邻家":元大都的中西文化交流

距遥远的两个文明的握手,已然穿越了千百年的惺惺相惜。作为东西方文明的重要源头和城市文明的杰出代表、堪称世界城市文明史上双峰的罗马(意大利)和北京(汗八里)携手对13世纪东西方文化交流的强力推动,看似偶然,实则又有一定的必然性。无怪乎有人认为,蒙古人在传播文化方面的功绩足可以与罗马人相媲美,并将在蒙古人推动下东西方文化交流的时代命名为"马可·波罗的世纪",称"蒙古人几乎将亚洲全部联合起来,开辟了洲际的道路,便利了中国和波斯的接触……从蒙古人的传播文化一点说,差不多和罗马人传播文化一样有益。对于世界的贡献,只有好望角的发现和美洲的发现,才能够在这一点上与之比拟。这是一个足称为马可·波罗的世纪"[1]。

更耐人寻味的是,马可·波罗不仅在他的时代璀璨一时,而且辉映长达几个世纪。他在游记中所描述的路线深刻地影响了西方地理绘图中对中国和远东的描述。从马可·波罗的游记出版直至18世纪,威尼斯、热那亚以及其他欧洲国家一流的制图家们往往会在所

---

[1] 转引自安介生:《民族大迁徙》,江苏人民出版社2011年版,第262页。

元大都的文化特色

绘地图上参照或重现马可·波罗的旅程，甚至把他本人也画在地图上。如由热那亚人绘制的《宇宙学家的真实描述，与海员相参校并略去各色细枝末节的传闻》平面球形图，被猜测由皮埃蒙特宇宙学家吉亚科摩·加斯托迪所绘的东亚、南亚及北美地图，以及奥特琉斯所绘的远东地图等，都明显受到马可·波罗的影响。[1] 而因为马可·波罗游记中对中国的称呼采用了蒙古语的 Cathay（即契丹，最初是蒙古语对于辽及其后的金统治区域的称呼，后来用它指代中国），对大都则使用了畏兀儿语的 Khanbaliq（khan 意为"汗"，baliq 意为"城市"，合起来指"大汗的城市"）的表达，将之称为"汗八里"，直至 17 世纪末，西欧人所绘的亚洲地图上，依然在中国北部或东北部划出一个国家，标为 Cathay，将其首都标为 Cambuluc。在记载帖木尔帝国统治者沙哈鲁遣使前往明朝谒见永乐皇帝一事的《沙哈鲁遣使中国记》一书中，无论波斯文原本还是后来的突厥文译本，也依然把北京记作 Khanbaliq。更有意

---

[1]〔意〕曼斯缪·奎尼、米歇尔·卡斯特诺威：《天朝大国的景象——西方地图中的中国》，安金辉、苏卫国译，华东师范大学出版社 2015 年版，第 4—5 页。

第四章 "万里如邻家"：元大都的中西文化交流

思的是，有时候马可·波罗甚至被作为一种媒介或象征物出现在虚构的小说当中，如意大利作家伊塔洛·卡尔维诺在《看不见的城市》一书中，用马可·波罗向忽必烈描述他的旅途所见的口吻，嵌入了作者想象中的数十个城市。此外，马可·波罗还不止一次出现在西方大航海、大冒险主题的"剧本"当中。

其后的历史进一步印证了意大利与元朝的不解之缘。因为元帝国建立后不久，意大利即掀开了欧洲文艺复兴的序幕，为此有学者提出可将元视为"近代文化的开创时代"[1]。另有学者则注意到元后期东南沿海文化发生蜕变，呈现出不同于传统文化的色彩，与意大利文艺复兴异轨同步，遥相辉映，因此主张将元视为一个新的文化时代的开端。[2]

而从元帝国时代西方人关于中国的游记里，我们可以看到一些共同的特征，即几乎所有游记的作者都宣称曾到过大都，见过大汗并且受到了大汗的盛情款待。在他们的记述中，大汗所统治的国家是那么无可

---

[1] 金克木：《元代的辉煌》，《中华读书报》1994年11月28日。
[2] 陈建华：《元末东南沿海城市文化特征初探》，《复旦学报》1988年第1期。

元大都的文化特色

比拟,大都是那么华丽壮观,大汗是那么风采卓然又诚挚待客。如:约翰·孟德高维奴在 1305 年给可萨利亚省牧师及僧侣的信中写道:"据余所闻,世界王公地之广,人口之庶,财赋之富,无有能与大汗陛下比拟者矣。""东方诸邦,尤以大汗所辖国境,庞大无比,全世界各国,莫与比肩。"[1]1338 年奉教皇班尼狄德十二世之命,携国书与礼物赴大都面见元朝皇帝的马黎诺里也在其游记中声称:"(元)其国在东方,威权所达,几有东方世界之半。兵马强盛,国库充实,城邑相连,管辖众国,难于胜数。各民族之在其境内者,不知凡几,皆各自有语言文字。若一一言之,将骇人听闻也。""其城之大,户口之众,军威之盛,吾将不复赘言矣。""居留汗八里约三年,乃复起行,携大汗赠给之路费,并良马二百匹,经蛮子国而归。"[2]于是,这样的大都和大汗成为元帝国形象的标志,西方便依据这样的标志建构出了一个东方大国强大、富庶、对西方友好的文化印象。

---

[1] 张星烺:《中西交通史料汇编》第一册,第 222、226 页。
[2] 张星烺:《中西交通史料汇编》第一册,第 248、251、252 页。

第四章 "万里如邻家":元大都的中西文化交流

第二节 域外来华"栖居者"对大都文化的贡献

有元一代,大都出现了各种文化和谐并存的局面,欧洲中世纪著名的"四大旅行家"之一鄂多立克曾将这种局面称为"世界上最大的奇迹"。各个民族、各个国家、不同语言系统与宗教信仰的人们远道而来,栖居在这座博大而包容的都市,同时带来各自不同的文化知识和技术,仿佛合力建造一座通天的巴比塔。[1] 这也推动了会馆、洋行、星级饭店、使馆区、外贸市场等外国人居住和生活区在元大都的出现。据马可·波罗记载,元大都"每个城郊在距城墙约一英里的地方都建有旅馆或招待骆驼商队的大旅店,可提供各地往来商人的居住之所,并且不同的人都住在不同的指定的住所,而这些住所又是相互隔开的。例如一种住所指定给伦巴人,另一种指定给德意志人,第三种指定给法兰西人"[2]。

其时旅居或留居元大都的不仅有来自亚洲的高丽

---

[1] 洪烛:《马可·波罗与元大都》,《书屋》2004年第9期。
[2] 〔意〕马可·波罗:《马可·波罗游记》,梁生智译,第113页。

元大都的文化特色

人、日本人、安南人、占城人、印度人、越南人、暹罗人，以及西域各国的人，还有来自欧洲的意大利人等。元朝与各个地区的交往各有特点，跟亚洲诸国的交流主要偏重于诗书、佛教、生活习俗等方面，与非洲的交流偏重于互通有无，与欧洲的交流则主要发生在宗教领域。

高丽自忽必烈即位后，一直与蒙古人保持良好关系。特别是王倎（后改名禃）之后，各代高丽国王或亲自入朝，或派世子入朝，并频频遣使入贡。在王倎一再请求下，忽必烈以亲女下嫁其子王愖，其后直到元朝末年，高丽王娶元公主成为定例。王璋传位于士子焘后，甚至以驸马身份携若干高丽文士侍从长期留居大都，筑"万卷堂"，"以书史自娱"，并与赵孟頫、姚燧、阎复、元明善等元代著名文人书诗往还，交往甚密。除王室与使臣外，元代来到大都的高丽人还有精通汉文的文人学者和高僧等。这些士子在中国期间，或入仕元朝，或跻身于文人雅士之列。如高丽名臣李齐贤在大都陪侍王璋期间，广泛结交元朝名臣儒士，并写下了很多歌咏中国历史、景物和风俗民情的

第四章 "万里如邻家":元大都的中西文化交流

诗文并结集出版,名《益宅集》。[1]还有高丽士人来大都参加科举会试并因成绩优异入仕元朝者,如曾被擢汉、南人榜第二甲第八名并授翰林国史院检阅官的李谷。高僧方面,至元二十七年,高丽奉诏派惠永率领100名写经僧来到元大都,他们在庆寿寺用一年时间,抄写完成了一部金字《藏经》。

元代的崇佛政策也吸引了印度高僧的来访。如天历初年来华的高丽僧人达蕴(号玉田),"平生喜从当世名公雅士游,尽得其礼貌,而于艺又能精鉴书画,博古通今",与当时欧阳玄、危素、赵雍等人交游,欧阳玄亦曾经亲自为其松月轩题词。

元朝中央政府和四大汗国交往密切,钦察、阿速、斡罗思等族的人们纷纷入元做工、经商、为官、行医等。在这些人当中,有的擅长天文、数学、医学等自然科学,有的精通绘画、音乐等艺术门类,有的则在纺织技术、武器制造、制瓷技术、建筑与工程等诸多技术领域颇有造诣。他们的到来,在多个领域促进了大都乃至元朝文化的发展。

---

[1] 白寿彝总主编:《中国通史》,第八卷,第646—651页。

元大都的文化特色

大量中亚人口的涌入，促进了中国科学技术的新飞跃。元代天文学家郭守敬所取得的一系列天文学方面的杰出成就，就与广泛吸纳伊斯兰世界天文学的成果密切相关。他所制定的授时历借鉴了当时世界最先进的伊斯兰历法，所设计的天文仪器包括天文观测中起主要作用的圭表、简仪、仰仪等，也受到了阿拉伯科学的直接影响。今日留存于北京城区的郭守敬纪念馆及天文仪器，正是对这一段东西文化交融历史的见证。另一个例子是元朝对回族星历的采纳。忽必烈即位后曾下令征召回族星历学者，在中统年间成立西域星历司。至元四年扎马鲁丁编撰的《万年历》颁行全国，其中就引进了当时波斯先进的历法和仪器。至元八年忽必烈诏立"回回司天台"。此外，在秘书监所藏的回族书籍中也有许多来自波斯和阿拉伯的天文、数学著作。

中亚医药文化的进入推动了元朝医药文化的发展。元朝在中央太医院下设立广惠司，任职的均是回族医师，为三品官，专门研制回族药物。元廷组织翻译的《回回药方》中载录了大量先进的阿拉伯医学理论。至元二十九年（1292年）元朝在大都和上都各设

第四章 "万里如邻家":元大都的中西文化交流

"回回药物院",掌管回族药物,使得中西方医药文化进一步融合发展。[1]

手工业技术层面,"回回人"将中亚纺织技术带到了大都。当时在元大都的直隶中央制造作坊——别失八里局中,有"西域织金绮工三百余户",其所产织金锦受到蒙古王公贵族的喜爱和追捧。他们不仅将大块的纳什失缝缀在礼服或外衣上,甚至死后还要将其覆盖在棺木和马车上。[2]

在日常生活方面,大都文化也深受大批中亚人士迁入带来的多元文化交流的影响。据历史记载,蒙古统治集团很喜欢西域及中亚地区的饮食,在王公贵族的宫廷饮宴中经常出现此类食物。因此,许多来自中亚地区的厨师出现在元代宫廷。比如忽思慧就曾在元朝宫廷担任饮膳太医、负责宫廷饮膳调配事务,他撰写的《饮膳正要》记载了秀秃麻失、河西肺、八儿不汤、马思答吉汤、沙乞某儿汤等数种宫廷西域食谱,其中

---

[1] 刘法林:《阿拉伯天文学对我国元朝天文学发展的影响》,《史学月刊》1985年第6期。
[2] 宋炀:《蒙元时期伊朗与中国的丝绸纺织文化交流》,《艺术设计研究》2018年第4期。

元大都的文化特色

"果品"记载了源自西域的八担仁和必思答。[1] 中亚饮食甚至还被端上了大都的百姓餐桌,比如元杂剧《郑孔目风雪酷寒亭》第三折就提到了中亚食物秃秃荼食(即秃秃麻失)。其实元朝宫廷受中亚影响的不仅仅是餐桌。在鄂多立克游记中有一段描述了参与元代宫廷生活的各色人等。他写道,当他应召入宫并为忽必烈祝福的时候,总是"抓住机会勤勉地询问基督徒、撒剌逊人和各色偶像教徒,也询问皈依吾教的信徒,其中有些是该宫廷中的大王公,且仅与皇帝本人发生联系。现在这些人都异口同声告诉我说:仅皇帝的乐人就有十三土绵;其余看管猎犬和野兽禽鸟者是十五土绵;给御体看病的医师是四百偶像教徒、八名基督徒,及一名撒剌逊人。所有这些人都从皇帝的宫廷领取他们需要的供应。(人数不多也不少,但当有人死了,就另派一人接替他。)至于其余的机构,无法计算。(总之,宫廷确实雄伟,世上最井井有条者,有诸王、贵人、奴仆、书记、基督徒、突厥人及偶像教徒,都从宫里领取他们所需的东西。)"[2]

---

[1] 忽思慧:《饮膳正要》卷三,明景泰七年内府刻本。
[2] 《海屯行纪 鄂多立克东游录 沙哈鲁遣使中国记》,第72—74页。

第四章 "万里如邻家"：元大都的中西文化交流

大都对大批来自西方的基督教、伊斯兰教宗教人员的接纳，则促进了其宗教文化的多元化。事实上，蒙古人早在征服过程中，就表现出了对宗教文化兼容并包的姿态。道森在《出使蒙古记》绪论中写道："我们感觉到，在这里，我们正站在历史上具有伟大意义的十字路口之一。因为，从太平洋伸展到黑海和波罗的海并统治着儒教徒、佛教徒、穆斯林和基督教徒的这一新的世界帝国还没有归属于任何特殊的宗教和文化。蒙古人的原始的萨满教（Shamanism），不能够提供精神统一的任何原则，正如他们原来的部落组织不能为帝国的行政提供基础一样。然而，大汗们尽管缺乏文化，却充分注意到宗教因素的重要性，并遵循一种普遍宽容的宽大政策。成吉思汗亲自规定，一切宗教都应受到尊重，不得偏爱，对于各种教士都应恭敬对待，把它作为法令的一部分。这项原则，所有他在东方和西方的后裔历代都忠实地予以遵守。""蒙古人对宗教的这种态度，或许是由于下列事实：蒙古和土耳其斯坦是世界上各种宗教会合的地方，蒙古人自己作为新来者发现，佛教、基督教、摩尼教和伊斯兰教已经在一些民族中间扎下了根，而他们是从这些民族

元大都的文化特色

获得初步文明的。"[1] 而马可·波罗则记录下了忽必烈的这样一段话:"全世界崇奉的预言人有四:基督教徒说的是耶稣基督,回教徒说有摩诃末,犹太教徒说有摩西,偶像教徒说有释迦牟尼。我对这四人,都致敬礼。"

伴随着成吉思汗及此后诸位皇子的西征,中亚地区建立多个蒙古汗国,陆上丝绸之路的政治障碍大幅减少,打通了中国与中亚、西亚甚至欧洲地区国家的交往通道。此后,域外国家多次向元代派出皇族成员或外交使团进行交流,元大都则成为世界上各种宗教文化传播和发展的舞台。

1271年,亦即元朝定都大都同一年,忽必烈就命令尼泊尔王族阿尼哥在大都建造佛塔。阿尼哥按照当时尼泊尔最流行的佛塔式样,精心设计,历经八年,终于建好了一座壮丽庄严的藏式覆钵白塔,并按照忽必烈的要求,以塔为中心,于1288年建成一座寺庙,这就是屹立至今、赫赫有名的阜成门内白塔寺。除白塔寺以外,阿尼哥在中国生活的45年间,还主持修

---

[1] 〔英〕道森编:《出使蒙古记》,吕浦译,第18页。

第四章 "万里如邻家"：元大都的中西文化交流

建了大小佛塔、寺庙等十余座，创作了很多精美的佛造像和绘画作品，并最终于1301年在元大都去世。

在使者的不断往返中，原在西亚、欧洲的伊斯兰教与基督教相继传入中国。基督教最早在中国传播的是聂斯托利派，聂斯托利派又被称为"景教"（或"也里可温教"）。而罗马教皇和欧洲国家多次派遣教士、使节来中国传教通好，则将基督教正宗传入中国。1325年，意大利修士鄂多立克到达大都，在此居住三年并成为在忽必烈身边有"一席之地"的人。[1] 欧洲人爱薛不仅入仕中国且被列入《元史》列传。"爱薛，拂菻人，即今叙利亚一带，然视为欧洲人亦可也。爱薛似已略领中国文化风味，故得官翰林学士兼修国史也。"[2] 至元三十一年（1294），孟德科维诺带着教皇尼古拉四世的信件到达大都，受到成宗的接待，允许他自由传教，并兴建了两所教堂。其中，第二所教堂"与大汗宫仅一街之隔"，"两处相距不过一箭耳"，"当余等唱歌时，大汗陛下在宫内亦得闻之"。[3] 他还

---

[1] 闫虹：《北京文化史上的外国人》，《前线》2010年第4期。
[2] 张星琅：《中西交通史料汇编》第一册，第192页。
[3] 张星琅：《中西交通史料汇编》第一册，第224、225页。

元大都的文化特色

通晓中国文字,曾将《新约》等基督教书籍译成中文。[1]

自汉以后,中国的文化一直是儒家学说占据主导地位,而在有元一代,却形成了多元文化空前发展的格局,尽管明以后又恢复到单一文化主导的局面,但"元代回回遍天下"与大都城几万名基督教信徒的出现,多民族聚居与域外人士杂居遍处,各种文化异彩纷呈并彼此交融,使元大都成为了一座不可复制的城市。

与宗教文化相伴而来的,还有欧洲的生产技术,如葡萄酒的酿制。《饮馔正要》记载:"葡萄酒益气调中,耐饥强志。酒有数等:有西番者,有哈剌火者,有平原、太阳者。……阿剌吉酒,味甘辣,大热,有大毒。"[2]据学者考证,此"阿剌吉酒"指蒸馏酒,即烧酒,元代始由欧洲传入中国。[3]

---

[1] 张星琅:《中西交通史料汇编》第一册,第222页。
[2] 忽思慧:《饮膳正要》卷三。
[3] 郭建福、张亚伟:《蒙元时期的科技交流探悉》,《山西大同大学学报(自然科学版)》2018年第5期。

第四章 "万里如邻家":元大都的中西文化交流

第三节 大都文化的对外辐射

元代四通八达的驿道和海路上川流不息的人流、车流和船流,也有力促进了中国物质和文化的对外扩散和传播。值得一提的是,大运河将大都与直沽的交通连接起来,大大便利了大都文化的对外传播,因为直沽"是一个不只与江南,也与东南亚、印度洋、西亚方面相连的海洋窗口"[1]。

在元朝,中国文化通过大都不仅远播高丽、日本、安南、占城、真腊、缅国、暹国、爪哇、南海诸国、印度以及中亚的四大汗国等,而且在欧洲、非洲得以传播。其时元朝文化向外传播的渠道主要有三种:一是文人往还,二是物质交换,三是僧人互访。

高丽的学者、使节与元朝士人之间,多以文会友,切磋交流,程朱理学由此传入朝鲜半岛。早在元世祖前期程朱理学在中国北方方兴未艾之际,高丽儒士白

---

[1] 〔日〕杉山正明:《忽必烈的挑战:蒙古帝国与世界历史的大转向》,第158—160页。

元大都的文化特色

颐即从大都学得,并在回国后授徒传习,使理学在高丽得到传播。元廷允许高丽大量收购经籍图书,如延祐元年(1314)高丽忠肃王时,"成均提举司遣博士柳衍、学谕俞迪于江南购书籍……遗衍宝钞一百五十锭,使购得经籍一万八百卷而还"。大德九年,元朝还邀请高丽名写经僧赴元,对沟通两国的交往、促进两国文化交流有着重大助益。至元二十六年(1289)元置高丽国儒学提举司后,提举安珦从高丽入朝,从大都携朱子书而归并悬挂朱子像,自号"晦轩"以表示对朱子理学的崇敬。元朝的文化典籍也大量传入高丽,其中很多是居留大都的高丽人购买或获赠后带回本国的。[1]

元代致力于发展海外贸易,"通市舶之利"。中日贸易非常繁盛。据统计,从至元末年到至正末年七十余年中,中日间有商船往来且年份可考者将近五十年,一年中往往不止一批,有时一次搭商船来华人员就达到数千人。商船不仅带来了日本的黄金、刀剑、木材、扇子、螺钿等物品,还带来了大量的禅僧。这些禅僧

---

[1] 白寿彝总主编《中国通史》第八卷,第651—652页。

第四章 "万里如邻家"：元大都的中西文化交流

在从高僧习禅之余，也到大都等地拜访文人雅士，切磋诗词书画。商船回国时，则把中国的瓷器、香药、经卷、书籍、绘画、什器、绫罗锦缎等带到日本。此外，元朝的商船还曾到过缅国（缅甸）、暹国（泰国）、罗斛等国。元朝的陶瓷生产技术、干支纪年和纪日传入暹国，暹国人还用中国儒名作为自己的姓名。至元十五年（1278）忽必烈下诏"诸蕃国列居东南岛者，皆有慕义之心，可因蕃船诸人宣布朕意。诚能来朝，朕将宠礼之。其往来互市，各从所欲"。使得中国文化传播海内外。

安南素仰中国文化，开科取士、著书立说间用汉文。元朝与安南、占城虽屡兴战事，但文化往来不曾中辍。安南自元成宗即位后与元恢复友好通使，多遣儒臣充任入元使者。这些儒臣使者依惯例拜访翰林院，与大都的文人学士结文学之交。

元朝中央政府和四大汗国交往密切，有大量中国工匠、学者去中亚任职定居，将中国文化和技术带往那里。以元代文化的重要标志之———青花瓷为例，直至蒙古时代之后的帖木儿王朝时代，依然设有官营工厂持续生产精美的青花瓷产品。不惟如此，"帖木

元大都的文化特色

儿王朝将中国文化的精华与伊斯兰文化的偏好巧妙地融合在一起,创造出前所未有的工艺",这些文化交融的杰出成就鲜明地体现在中亚建筑物、绘画、抄本、陶器等各种艺术作品中,令人叹为观止。这种文化融合的巨大成就甚至为帖木儿王朝赢得了"帖木儿王朝文艺复兴"的美誉。[1] 而在伊朗工匠专为皇室制作的纺织物上,则大量出现了具有明显"中国风"风格的龙纹(如双龙戏珠纹)、凤纹、仙鹤纹、乌龟纹、莲花纹,以及蒙古民族的游牧风格纹饰如羚羊纹、犀牛纹、兔纹、云纹等。[2]

在印度佛教扎根中国的同时,中国文化也引起了印度人的兴趣。据载,赵孟𬞟因以篆、籀、分隶、真、行、草冠于一时,扬名域外,时天竺有僧,不远万里赴元求书,得偿所愿,"国中宝之"。[3]

与欧洲的宗教文化交流方面,忽必烈曾命列班扫马和麻古思带着圣旨玺书去耶路撒冷朝圣,先后觐见

---

[1] 〔日〕杉山正明:《忽必烈的挑战:蒙古帝国与世界历史的大转向》,周俊宇译,第26、28页。
[2] 宋炀:《蒙元时期伊朗与中国的丝绸纺织文化交流》,《艺术设计研究》2018年第4期。
[3] 《元史》卷一七二,列传第五九,第4023页。

第四章 "万里如邻家"：元大都的中西文化交流

了法兰西国王菲利普四世、英王爱德华和教皇尼古拉四世，转达了共同夺取圣地耶路撒冷的结盟意见，受到了西方社会的高度礼遇。

此外，中国与非洲、阿拉伯半岛也交往甚多。埃及史家留下了不少关于元朝包括大都的记载。

有意思的是，文化的跨地域、跨民族交流融合往往会促进它自身的发展和创新。以闻名于世的元青花为例，这种诞生于元代的瓷器式样以白胎青釉（即在白色的薄胎瓷胚上釉后，再以钴蓝色的颜料在上面绘制纹样，然后再次上釉，入炉进行高温烧制）为特色。它是中国瓷器发展的一个里程碑，然而这种青花瓷的诞生却反映了一种跨文化的审美趣味。促成这种瓷器发明和生产的是当时对中国瓷器青睐有加的波斯人，为了迎合他们的品味，中国瓷器工匠们吸收了波斯工匠用蓝钴在器物表面绘制花纹的手法，融合于自己的制瓷工艺中，从而生产出了独特的、代表了元代瓷器工艺水平的青花瓷，并行销海内外，甚至在世界各大陶瓷制造中心——从15世纪的帖木儿宫廷，16世纪的墨西哥，再到17世纪的代夫特——掀起了一股强劲的仿制风,尽管这些仿制均以失败告终。[1]

---

[1] 〔加〕卜正民:《挣扎的帝国:元与明》,潘玮琳译,第197、198页,中信出版集团2018年版。

参考文献

[1]〔明〕宋濂等撰:《元史》,中华书局1976年版。

[2]〔明〕陈邦瞻:《元史纪事本末》,中华书局1979年版。

[3]〔元〕脱脱:《金史》,百衲本景印元至正刊本。

[4]〔清〕吴长元:《宸垣识略》,北京古籍出版社1981年版。

[5] 于敏中等:《日下旧闻考》,清文渊阁四库全书本。

[6]《通鉴续编》,清文渊阁四库全书本。

[7]《元文类》,《国朝文类》,"四部丛刊"景元至宋本。

[8]〔元〕孛兰盼等撰,赵万里校辑:《元一统志》,中华书局1966年版。

[9] 陈垣:《励耘书屋丛刻》,1934年励耘书屋原刻本,北京师范大学出版社1982年重印。

[10]〔清〕苏天爵:《元名臣事略》,清文渊阁四库全书本。

[11]〔元〕王礼:《麟原文集》,清文渊阁四库全书本

[12] 张星烺:《中西交通史料汇编》,中华书局2003年版。

[13]〔元〕熊梦祥:《析津志辑佚》,北京出版社1983年版。

[14] 杨镰主编:《全元诗》,中华书局2013年版。

[15] 李修生主编:《全元文》,凤凰出版社2000年版。

[16]〔清〕孙承泽:《天府广记》,北京古籍出版社1982年版。

[17]〔元〕陶宗仪:《南村辍耕录》,武克忠、尹贵友校点,齐鲁书社2007年版。

[18]〔元〕王恽:《秋涧集》,四部丛刊景明弘治本。

[19] 梁启超:《饮冰室合集·文集》,中华书局2015年版。

[20] 徐萍芳编著:《辽金蒙古时期燕京史料编年·元大都创建史料编年》,北京联合出版公司2018年版。

[21] 陈高华等校点:《元典章》,天津古籍出版社

2011年版。

[22] 杨天宇:《周礼译注》,上海古籍出版社1983年版。

[23] 王明珂:《游牧者的抉择》,上海人民出版社2018年版。

[24] 郭超:《元大都的规划与复原》,中华书局2016年版。

[25] 罗新:《从大都到上都:在古道上重新发现中国》,新星出版社2018年版。

[26] 曹子西主编:《北京通史》,中国书店出版社1994年版。

[27] 朱祖希:《营国匠意——古都北京的规划建设及其文化渊源》,中华书局2007年版。

[28] 史念海:《中国古都和文化》,中华书局1996年版。

[29] 中国古都学会编:《中国古都研究》,山西人民出版社1994年版。

[30] 杨宽:《中国古代都城制度史》,上海人民出版社2006年版。

[31] 王静:《中古都城建城传说与政治文化》,社科

[32] 赵世瑜:《在空间中理解时间:从区域社会史到历史人类学》,北京大学出版社 2017 年版。

[33] 北京大学历史系《北京史》编写组:《北京史》,北京出版社 1985 年版。

[34] 韩光辉:《从幽燕都会到中华国都——北京城市嬗变》,商务印书馆 2011 年版。

[35] 欧阳哲生:《古代北京与西方文明》,北京大学出版社 2018 年版。

[36] 萧启庆:《内北国而外中国:蒙元史研究》,中华书局 2007 年版。

[37] 侯仁之:《北平历史地理》,邓辉、申雨平、毛怡译,外语教学与研究出版社 2014 年版。

[38] 费孝通:《中华民族多元一体格局》,中央民族学院出版社 1989 年版。

[39] 白寿彝总主编:《中国通史》,上海人民出版社 1997 年版。

[40] 曹书杰、杨栋:《大都风采》,中华书局、上海古籍出版社 2010 年版。

[41] 赵兴华:《北京园林史话》,中国林业出版社

2000年版。

［42］安介生：《民族大迁徙》，江苏人民出版社2011年版。

［43］罗斯宁：《元杂剧和元代民俗文化》，广东高等教育出版社2011年版。

［44］袁行霈、陈进玉、戴逸等主编：《中国地域文化通览·北京卷》，中华书局2013年版。

［45］傅秋爽：《北京元代文学》，知识产权出版社2012年版。

［46］〔意〕曼斯缪·奎尼、米歇尔·卡斯特诺威：《天朝大国的景象——西方地图中的中国》，安金辉、苏卫国译，华东师范大学出版社2015年版。

［47］〔意〕马可·波罗：《马可·波罗游记》，中国文史出版社1998年版。

［48］〔俄〕巴尔托德：《蒙古入侵时期的突厥斯坦》，张锡彤、张广达译，上海古籍出版社2007年版。

［49］〔英〕道森：《出使蒙古记》，吕浦译，中国社会科学出版社1983年版。

［50］〔美〕施坚雅：《中华帝国晚期的城市》，叶光庭等译，中华书局2000年版。

［51］〔英〕约翰·伦尼·肖特:《城市秩序：城市、文化与权力导论》，郑娟、梁捷译，上海人民出版社2007年版。

［52］〔美〕凯文·林奇:《城市形态》，林庆怡译，华夏出版社2001年版。

［53］〔澳〕德波拉·史蒂文森:《城市与城市文化》，李东航译，北京大学出版社2015年版。

［54］〔澳〕朱剑飞:《中国空间策略：帝都北京（1420—1911）》，诸葛净译，生活·读书·新知三联书店2017年版。

［55］〔美〕马歇尔·萨林斯:《历史之路》，蓝达居等译，上海人民出版社2003年版。

［56］〔美〕刘易斯·芒福德:《城市文化》，宋俊玲、李祥宁、周鸣浩译，中国建筑工业出版社2009年版。

［57］〔美〕刘易斯·芒福德:《城市发展史——起源、演变和前景》，倪文产、宋俊岭译，中国建筑工业出版社1989年版。

［58］〔日〕杉山正明著:《忽必烈的挑战：蒙古帝国与世界历史的大转向》，周俊宇译，社会科学文

献出版社 2017 年版。

[59] 〔加〕卜正民:《挣扎的帝国:元与明》,潘玮琳译,中信出版社 2016 年版。

[60] 〔美〕陆威仪:《早期中华帝国:秦与汉》,王兴亮译,中信出版社 2016 年版。

[61] 朱士光:《中国古都与中华文化关系研究》,《陕西师范大学学报(哲学社会科学版)》2004 年第 1 期。

[62] 于希贤:《〈周易〉象数与元大都规划布局》,《故宫博物院院刊》1999 年第 2 期。

[63] 陈高华:《谈谈元大都建城史》,《北京日报》2003 年 10 月 13 日。

[64] 洪烛:《马可波罗与元大都》,《书屋》2004 年第 9 期。

[65] 刘法林:《阿拉伯天文学对我国元朝天文学发展的影响》,《史学月刊》1985 年第 6 期。

[66] 周振鹤:《东西徘徊与南北往复——中国历史上五大都城定位的政治地理因素》,《华东师范大学学报(社会科学版)》2009 年第 1 期。

[67] 李嘉瑜:《上京纪行诗的"边塞"书写——以长

城、居庸关为论述主轴》,《台北教育大学语文集刊》2008年第14期。

[68] 周继中:《元大都人口考》,《中国蒙古史学会论文选集(1981)》,内蒙古人民出版社1986年版。

[69] 张双智:《试从藏族文化视角解读元大都十一城门之谜》,《中国藏学》2010年第4期。

[70] 金克木:《元代的辉煌》,《中华读书报》1994年11月28日。

[71] 陈建华:《元末东南沿海城市文化特征初探》,《复旦学报》1988年第1期。

[72] 王进:《元代后期文人雅集的书画活动研究》,中国艺术研究院2010年博士论文。